造企業產品碳配額研究

劉承智 著

崧燁文化

前言

出於緩解氣候變暖的需要，低碳經濟正成為人類社會發展轉型的方向。國際上普遍採取碳排放權交易這一環境政策工具，運用市場機制和價格手段控制某個國家、地區和企業的碳排放量，從而實現低碳發展。中國作為全球最大的溫室氣體排放國之一，碳排放權交易市場起步較晚，尤其是總量控制下的強制碳排放權交易市場還在建設初期，與發達國家相比有很大差距。但中國已經開始認識到市場機制的重要性，嘗試運用市場機制解決環境和氣候變化問題。中國碳排放權交易體系將於 2017 年正式啓動，以控制化石能源產生的二氧化碳為主，將重點排放行業中排放達到一定規模的企業納入交易體系。根據國家發改委的要求，全國碳排放權交易市場第一階段將涵蓋石化、化工、建材、鋼鐵、有色、造紙、電力、航空 8 大重點排放行業，參與主體為業務涉及上述行業的年均綜合能源消費總量達到 1 萬噸（含）標準煤以上的企業法人單位或獨立核算企業單位。全國碳排放權交易體系構建以後，排放配額不足的企業為避免超額排放的經濟處罰，必須向擁有節餘配額的企業購買排放權，以此實現大氣環境容量資源的經濟價值。

總量控制機制下的強制性碳排放權交易市場在中國的建立和發展，表明中國政府大力推進生態文明建設，利用市場機制應對氣候變化、實現減排目標的決心，也預示著中國製造企業在國內勞動力成本普遍上升後，將面臨更為嚴峻的碳排放成本增加的壓力。碳排放權交易市場的建設與運行，將企業碳排放的外部環境成本內部化。企業要麼進行技術創新，發展先進的低碳減排技術以減少排放的碳配額成本；要麼購買更多的碳配額以抵消碳排放形成的排放負債。無論是哪種情形，都將對中國製造企業的產品成本造成影響和衝擊。隨著碳配額價格逐步體現大氣環境容量資源稀缺性帶來的經濟價值，中國製造業的產品

成本結構也將發生重要變化。碳配額作為製造企業產品生產不可或缺的生產要素，將和傳統的材料、人工等成本項目一樣成為產品成本的重要內容。同時，碳配額也將逐步成為中國製造企業，尤其是高能耗、高污染和高排放製造企業成本核算和管理的重要內容。

　　基於以上研究背景，結合目前碳會計領域的研究現狀，本書認為製造企業的碳排放與產品生產直接相關，製造企業的碳配額支出毫無疑問應歸集到產品的生產成本中，作為產品成本的一部分，形成完整的產品成本概念。在國外，已有學者在觀念上認識到製造企業的碳配額應作為資產入帳並將其價值計入產品生產成本的重要性，但目前尚未發現國外系統研究製造企業產品碳配額成本核算的相關理論文獻，實務中製造企業的碳配額成本也多採用簡化處理的方式，即發生時直接計入期間費用而不是採用系統的方法攤入產品成本。究其主要原因，一是碳配額及碳排放負債的會計確認與計量問題一直存在爭議，未能形成廣泛共識；二是企業層面二氧化碳排放量的核算標準和方法未形成統一標準。前者影響了產品碳配額成本的價值量核算，後者影響了產品碳配額成本的實物量核算。我們認為，碳排放權交易的經濟實質是環境污染外部性問題帶來的社會成本，通過總量控制和配額交易機制轉化為企業內部成本。當企業排放溫室氣體不再免費，首先表現為對成本的影響，因此碳排放權交易衍生的會計問題本質上是一個成本問題。已有的研究尚未關注和重視這個問題。在國外製造企業的實務中，碳配額都採用期間費用化的處理方式，未能有效計入產品成本。基於此，我們提出製造企業「產品碳配額成本核算」這一課題，即在碳排放權交易制度背景下，製造企業因碳排放而需承擔碳配額交付義務進而導致的生產成本。這既不同於財務會計研究的「碳定價」，又不同於管理會計研究的「碳排放成本」或「碳減排成本」，前者主要解決碳配額資產和負債的確認及計量問題，后者偏重於企業碳排放的成本效益分析和減排優化決策分析。「產品碳配額成本核算」是在狹義的成本會計範疇內，研究碳配額作為製造企業的生產要素和傳統的材料、人工等成本項目一樣如何進行價值量和實物量的核算，並通過歸集、分配、結轉等程序最終構成產品的製造成本。

　　圍繞製造企業「產品碳配額成本核算」這一課題，本書確定了主要的研究內容，即製造企業生產的產品應負擔多少碳配額成本（核算金額）、製造企業發生的碳配額成本應按什麼標準計入各產品的生產成本中（核算標準）、製造企業如何核算產品碳配額成本（核算系統）。圍繞上述要研究的核心問題，本書在中國啟動碳排放權實質性交易的背景下，借鑑國內外的最新研究成果，以排放權交易理論、成本核算理論和會計信息決策有用性理論等作為理論分析

的基礎，綜合運用規範研究與實證研究相結合、定性研究與定量研究相結合以及比較分析的方法，探討了成本核算導向的碳配額確認與計量、碳排放量核算與成本核算的關聯協調、產品碳配額成本核算系統設計等問題，並以水泥製造企業為例，模擬了產品碳配額成本核算的具體應用，同時對製造企業財會人員實施產品碳配額成本核算的意願進行了調查。

通過研究，本書得出以下五個方面的研究結論：

一是為保證產品碳配額成本核算金額的準確性，應實施成本核算導向目標下的碳配額計量模式。所有碳排放權（免費配額與購買的排放權）應該以公允價值法進行初始確認與計量，後續計量採用成本模式，即通過成本減去減值進行記錄（免費配額的推定成本是它的初始公允價值）；政府補貼（遞延收益）應當按已排放量與預計總排放量的比例合理釋放並確認補貼收入；各期確認的生產成本和排放負債應該根據年度預期的加權平均成本進行計量；上交排放權時，企業應該終止確認排放負債與持有的碳排放權資產。

二是為保證產品碳配額成本核算標準的合理性，應建立健全企業碳排放量核算標準體系，提供符合成本核算需要的企業碳排放量核算明細報告，實現企業碳排放量核算與成本核算有關聯與協調，即企業碳排放源和成本計算對象的有效匹配、企業碳排放單元和碳配額成本責任中心的有效匹配、企業碳排放量核算週期與產品成本計算週期的有效匹配。

三是為保證產品碳配額成本核算系統的科學性，應科學設計產品碳配額成本核算的組織系統、信息系統和控制系統。組織系統是產品碳配額成本核算的基礎保障，是實施產品碳配額成本核算各類數據信息收集和匯總整理的源頭，組織系統中企業環境部門的碳信息披露和成本部門的碳配額成本核算尤為重要，應加強兩者的協調配合。信息系統決定了產品碳配額成本核算各類信息的載體、處理流程和分析方法等。控制系統決定產品碳配額成本核算信息的有效性，應加強產品碳配額成本核算各環節的內部控制，設置碳配額成本責任中心進行考核。

四是對製造企業產品碳配額成本核算的模擬應用表明推行碳排放權交易以後，碳配額成本已成為製造企業產品生產成本的重要組成部分。若忽略這部分成本的核算，製造企業產品成本將喪失完整性和可理解性，既不符合碳排放權交易理論關於企業外部環境成本內部化的設計思想，也不符合成本會計信息決策有用性的原則要求。成功實施製造企業產品碳配額成本核算的關鍵在於企業碳配額資產和負債的合理計價、碳排放量數據的準確測算、成本核算系統的科學設計。產品碳配額成本核算提供了較為客觀、全面和完整的產品生產成本信

息，相關數據可以在多個層面為管理者所使用。

五是對製造企業財會人員實施產品碳配額成本核算的意願調查表明學歷和職稱水平變量對財會人員實施產品碳配額成本核算的意願有比較重要的影響。財會人員是否願意實施產品碳配額成本核算，很大程度上取決於企業成本核算與管理工作的現狀，即在成本管理工作基礎較好的企業相對容易實施。此外，較嚴格的外部環境管制對企業碳排放量及產品碳配額成本的信息披露有一定的促進作用。

本書的創新主要體現在以下三個方面：

首先，本書從動因、目標、機制三個方面闡述了製造企業「產品碳配額成本核算」的理論基礎和研究方向，設計了包括核算金額、核算標準和核算系統的製造企業產品碳配額成本核算的分析研究框架。

其次，本書探討了成本核算導向的碳配額確認與計量模式，提出了製造企業的碳排放源應該與成本計算對象相關聯、碳排放核算週期應該與成本計算週期協調一致，初步設計了製造企業產品碳配額成本核算的組織系統、信息系統與控制系統。

最後，本書通過對製造企業產品碳配額成本核算進行模擬應用和意願調查，初步檢驗了製造企業開展產品碳配額成本核算的可行性，總結出財會人員素質、成本核算與管理現狀、外部環境管制等是影響製造企業實施產品碳配額核算工作的主要因素。

劉承智

目錄

1 緒論 / 1

   1.1 研究背景與意義 / 1

      1.1.1 研究背景 / 1

      1.1.2 研究意義 / 4

   1.2 研究方法 / 6

      1.2.1 文獻綜述、對比分析、歸納演繹等規範研究方法 / 6

      1.2.2 實地調查、模擬應用、問卷調查分析等實證研究方法 / 7

   1.3 研究框架與技術路線 / 7

   1.4 相關概念界定 / 9

      1.4.1 碳配額 / 9

      1.4.2 碳排放權交易 / 10

      1.4.3 產品碳配額成本 / 10

   1.5 主要的創新點 / 11

2 理論基礎與文獻綜述 / 12

   2.1 理論基礎 / 12

      2.1.1 排放權交易理論 / 12

      2.1.2 成本核算理論 / 15

      2.1.3 決策有用性理論 / 18

   2.2 文獻綜述 / 22

      2.2.1 國外碳排放會計研究綜述 / 22

2.2.2　國內碳排放會計研究綜述 / 34

　　　2.2.3　國內外研究現狀簡評 / 35

3　成本核算導向的碳配額確認與計量 / 37

　3.1　碳配額資產的確認和計量 / 37

　　　3.1.1　碳配額資產的初始確認和計量 / 37

　　　3.1.2　碳配額資產的后續計量 / 38

　3.2　碳配額負債的確認和計量 / 39

　　　3.2.1　碳配額負債的確認 / 39

　　　3.2.2　碳配額負債的計量 / 40

　3.3　碳配額確認與計量模式的比較 / 41

　　　3.3.1　零成本法與公允價值法 / 41

　　　3.3.2　免費碳配額的貸記科目 / 42

　　　3.3.3　碳配額計量模式對損益的影響 / 43

　3.4　碳配額計量中存在的其他問題 / 46

　　　3.4.1　碳配額市價波動對財務報告的影響 / 46

　　　3.4.2　碳配額負債成本結算法的改進 / 49

　　　3.4.3　用作投資或投機目的的碳配額計量 / 50

4　碳排放量核算和成本核算的關聯與協調 / 52

　4.1　碳排放量核算的標準與方法 / 52

　　　4.1.1　企業碳排放量核算標準 / 52

　　　4.1.2　企業碳排放量核算的方法 / 55

　4.2　碳排放源與成本計算對象的關聯 / 58

　　　4.2.1　製造企業的碳排放源和排放單元 / 58

　　　4.2.2　製造企業的成本計算對象及其特點 / 60

4.2.3 碳排放源與成本計算對象的關聯 / 61

4.3 碳排放量核算週期與成本計算期的協調 / 62

4.3.1 製造企業成本計算期的特點 / 62

4.3.2 碳排放量核算週期與成本計算期的協調 / 63

5 產品碳配額成本核算系統設計 / 66

5.1 產品碳配額成本核算系統設計的意義與原則 / 66

5.1.1 產品碳配額成本核算系統設計的意義 / 66

5.1.2 產品碳配額成本核算系統設計的原則 / 67

5.2 產品碳配額成本核算組織系統設計 / 69

5.2.1 環境部門設置和碳信息披露 / 69

5.2.2 成本部門設置和碳配額成本核算 / 73

5.2.3 產品碳配額成本核算的組織協調 / 74

5.3 產品碳配額成本核算信息系統設計 / 74

5.3.1 產品碳配額成本核算載體的設計 / 74

5.3.2 產品碳配額成本核算程序的設計 / 76

5.3.3 產品碳配額成本分析指標的設計 / 78

5.4 產品碳配額成本核算控制系統設計 / 80

5.4.1 產品碳配額成本核算的內部控制 / 80

5.4.2 碳配額成本責任中心設置與考核 / 81

6 產品碳配額成本核算的模擬應用 / 83

6.1 企業概況與業務活動數據 / 83

6.1.1 企業基本情況 / 83

6.1.2 企業碳排放量核算過程與數據 / 84

6.1.3 碳配額交易規則與企業交易數據 / 86

　　　　6.1.4　企業生產工藝過程和產量數據 / 87

　6.2　企業碳配額資產與負債的計價核算 / 90

　　　　6.2.1　企業碳配額資產的計價核算 / 90

　　　　6.2.2　企業碳配額負債的計價核算 / 93

　6.3　產品碳配額成本核算 / 95

　　　　6.3.1　碳配額成本分配和帳務處理 / 95

　　　　6.3.2　產品成本計算和帳務處理 / 97

　　　　6.3.3　產品碳配額成本還原 / 99

　6.4　產品碳配額成本分析 / 101

　　　　6.4.1　產品碳配額成本的結構分析 / 101

　　　　6.4.2　碳減排決策的本量利分析 / 102

7　產品碳配額成本核算的實施意願調查 / 107

　7.1　問卷設計 / 107

　7.2　模型構建與變量說明 / 108

　　　　7.2.1　模型構建 / 108

　　　　7.2.2　變量說明 / 109

　7.3　描述性統計分析 / 110

　　　　7.3.1　是否意願實施碳配額成本的財會人員及其企業特徵比較 / 110

　　　　7.3.2　受訪財會人員對碳排放權交易會計處理的看法 / 112

　7.4　模型估計結果及解釋 / 113

　　　　7.4.1　模型估計結果 / 113

　　　　7.4.2　對模型估計結果的解釋 / 113

8 結論與政策建議 / 115
  8.1 主要研究結論 / 115
  8.2 政策建議 / 116
    8.2.1 政府層面 / 117
    8.2.2 企業層面 / 119
  8.3 研究局限及未來展望 / 121

參考文獻 / 123

1 緒論

本章介紹全書的研究背景和意義，闡述主要的研究內容，明確採用的研究方法和技術路線，確定研究思路和具體內容安排，歸納主要的創新點。

1.1 研究背景與意義

1.1.1 研究背景

1.1.1.1 全球環境氣候變化與碳排放權交易發展

自18世紀工業革命以來，伴隨人類社會生產力水平空前的解放與發展，化石能源被大量消耗和使用。全球溫室氣體排放量以驚人的速度增長，自然界的碳平衡被打破，導致以變暖為基本特徵的全球氣候變化，成為人類社會亟須解決的重大問題。出於緩解氣候變暖的需要，低碳經濟正成為人類社會發展轉型的方向。國際上普遍採取碳排放權交易這一環境政策工具，運用市場機制和價格手段控制某個國家、地區和企業的碳排放量，從而實現低碳發展。

「總量控制與交易」（Cap-and-Trade，CAT）機制是現階段國際碳排放權交易體系（ETS）的主流。其核心思想是監管者設定碳配額總量和進行配額分配，企業必須根據一個履約年度的實際碳排放量履行相應的碳配額交付義務；同時建立交易市場，企業可通過碳配額交易降低履約成本，以有效的市場交易途徑實現溫室氣體減排（Fankhauser & Hepburn，2010）[①]。其代表有歐盟碳排放權交易體系（EU ETS）、美國區域溫室氣體倡議（RGGI）、澳大利亞碳排放權交易體系（Australian ETS）和日本東京都總量限制交易體系（Tokyo ETS）等。

[①] Fankhauser S, Hepburn C. The Design of Carbon Markets Part I: Carbon Markets in Time [J]. Energy Policy, 2010, 38 (8): 4363-4370.

中國作為全球最大的溫室氣體排放國之一，碳排放權交易市場建設起步較晚，尤其是 CAT 機制下的強制碳排放權交易市場還在建設初期，與發達國家相比有很大差距（劉承智、潘愛玲、劉珺，2013）①。但中國已經開始認識到市場機制的重要性，嘗試運用市場機制解決環境和氣候變化問題，並制定了一系列詳細規劃（譚志雄、陳德敏，2012）②。在最近幾年，中國政府密集出抬了一系列建設和規劃碳排放權交易市場的政策文件。2010 年 10 月 10 日，國務院發佈的《國務院關於加快培育和發展戰略性新興產業的決定》中提出了「建立和完善主要污染物和碳排放交易制度」的基本設想，這是中國在政府文件中首次提及「碳排放交易」。2010 年 10 月 18 日，中國共產黨十七屆五中全會通過的《中共中央關於制定國民經濟和社會發展第十二個五年規劃的建議》中提出「建立完善溫室氣體排放和節能減排統計監測制度，加強氣候變化科學研究，加快低碳技術研發和應用，逐步建立碳排放交易市場」。這是中國在正式文件中首次提及「建立碳排放交易市場」。2011 年 11 月，國務院新聞辦公室在《中國應對氣候變化的政策與行動（2011）》白皮書中指出，通過規範自願減排交易和排放權交易試點，完善碳排放權交易價格形成機制，逐步建立跨省區的碳排放權交易體系。這是中國分地區試點碳排放權交易後首次提出碳排放權交易的跨省區合作。此后，2012 年 11 月召開的中國共產黨十八大和 2013 年 11 月召開的中國共產黨十八屆三中全會相繼指出「積極開展節能量、碳排放權、排污權、水權交易試點」和「推行碳排放權、排污權、水權交易制度」。從「積極開展碳排放權試點」到「推行碳排放權交易制度」，這一表述和措辭上的變化，表明了中國共產黨和政府正在努力推進生態文明建設，並把構建和啟動碳排放權交易市場作為大力推進生態文明建設重要的措施，為中國推進建設全國統一的碳排放權交易市場奠定了良好的基礎。

1.1.1.2 碳排放權交易背景下製造企業的成本變化

自 2011 年國家發改委批准北京、天津、上海、重慶、湖北（武漢）、廣東、深圳 7 省、市開展碳排放權交易試點工作以來，截至 2013 年 12 月，北京、上海、廣東、深圳、天津 5 個試點地區的碳排放權交易已實質性啟動。在這些地區，排放配額不足的企業為避免超額排放的經濟處罰，必須向擁有節餘配額的企業購買排放權，以此實現大氣環境容量資源的經濟價值。

強制性碳排放權交易市場在中國的建立和發展，表明中國政府大力推進生

---

① 劉承智，潘愛玲，劉珺. 推進中國碳排放權交易市場發展的對策 [J]. 經濟縱橫，2013（12）：44-47.

② 譚志雄，陳德敏. 區域碳交易模式及實現路徑研究 [J]. 中國軟科學，2012（4）：75-84.

態文明建設，利用市場機制應對氣候變化、實現減排目標的決心，也預示著中國製造企業在國內勞動力成本普遍上升後，將面臨更為嚴峻的碳排放成本增加的壓力。碳排放權交易市場的建設與運行，將企業碳排放的外部環境成本內部化。企業要麼進行技術創新，發展先進的低碳減排技術以減少排放的碳配額成本；要麼購買更多的碳配額以抵消碳排放形成的排放負債。無論是哪種情形，都將對中國製造企業的產品成本造成影響和衝擊。

隨著碳配額的價格逐步體現大氣環境容量資源稀缺性帶來的經濟價值，中國製造業的產品成本結構也將發生重要變化。碳配額作為製造企業產品生產不可或缺的生產要素，將和傳統的材料、人工等成本項目一樣成為產品生產成本的重要內容。同時，碳配額也將逐步成為中國製造企業，尤其是高能耗、高污染和高排放製造企業成本核算和管理的重要內容。

1.1.1.3 碳排放權會計發展與碳配額成本核算

會計的創新和發展是由非會計因素決定的（Miller，1985）。20世紀90年代以來，圍繞著排放權交易機制對財務會計理論及實務的影響，國外湧現出大量的創新成果（FERC，1993；IASB，2004；ASBJ，2006；FASB，2007；ANC，2012；EFRAG，2013），碳排放權資產化的觀點目前已得到普遍認同，但具體到碳排放權的資產歸屬、計量屬性和信息披露等還存在較大差異（王愛國，2012）[①]。在碳管理會計領域，現有研究多以碳排放成本的核算、管理和控制為重心展開（肖序，2013）[②]。由於碳排放權交易本身的複雜性和未來發展的不確定性，碳排放權會計長期處於理論薄弱、規範缺失和實務混亂的狀態。

從理論上分析，由於製造企業的碳排放與產品生產直接相關，碳配額成本毫無疑問應歸集到產品的生產成本中，作為產品成本的一部分，形成完整的產品成本概念。在國外，已有學者在觀念上認識到製造企業的碳配額應作為資產入帳並將其價值計入產品生產成本的重要性（Haupt & Ismer，2011）[③]，但目前尚未發現國外系統研究製造企業產品碳配額成本核算的相關理論文獻，實務中製造企業的碳配額成本也多採用簡化處理的方式，即發生時直接計入期間費用而不是採用系統的方法攤入產品成本。究其主要原因，一是碳配額及碳排放負債的會計確認與計量問題一直存在爭議，未能達成廣泛共識；二是企業層面

---

① 王愛國. 我的碳會計觀 [J]. 會計研究，2012（5）：3-9.
② 肖序，熊菲，周志方. 流程製造企業碳排放成本核算研究 [J]. 中國人口·資源與環境，2013（5）：89-95.
③ Haupt M, Ismer R. Emissions Trading Schemes under IFRS: Towards a「True and Fair View」Carbon Pricing for Low-carbon Investment Project [J]. Accounting In Europe, 2011, 10（1）：71-97.

的二氧化碳排放量的核算標準和方法未形成統一標準。前者影響了產品碳配額成本的價值量核算，后者影響了產品碳配額成本的實物量核算。

我們認為，碳排放權交易的經濟實質是環境污染外部性問題帶來的社會成本，通過總量控制和配額交易機制轉化為企業內部成本。當企業排放溫室氣體不再免費，首先表現為對成本的影響（Lund，2007）[①]。因此，碳排放權交易衍生的會計問題本質上是一個成本問題。從理論上分析，由於碳排放與生產經營直接相關，碳排放而消耗的碳配額成本應歸集分配到生產經營成本中，作為產品或服務成本的一部分，形成完整的產品及服務成本概念。已有的研究尚未關注和重視這個問題。在國外製造企業實務中，碳配額都採用期間費用化的處理方式，未能有效計入產品成本。在國外，雖然豪普特和艾斯美爾（Haupt & Ismer，2011）[②] 提出了碳配額應計入生產成本的觀點，法國會計準則委員會（ANC，2012）[③] 和歐盟財務報告諮詢組（EFRAG，2013）也在最新的碳排放會計建議書和評論草案中，分別指出碳配額應計入生產成本，但都沒有對此進行系統研究。為此，我們提出製造企業「產品碳配額成本」這一概念，即在碳排放權交易制度背景下，製造企業因碳排放而需承擔碳配額交付義務進而導致的生產成本。它既不同於財務會計研究的「碳定價」，又不同於管理會計研究的「碳排放成本」或「碳減排成本」，前者主要解決碳配額資產和負債的確認及計量問題，后者偏重於企業碳排放的成本效益分析和減排優化決策分析。「產品碳配額成本核算」是在狹義的成本會計範疇內，研究碳配額作為製造企業的生產要素，和傳統的材料、人工等成本項目一樣如何進行價值量和實物量的核算，並通過歸集、分配、結轉等程序最終構成產品的製造成本。

1.1.2 研究意義

中國從中國共產黨十八大正式提出「積極開展碳排放權交易試點」，到中國共產黨十八屆三中全會明確提出「推行碳排放權交易制度」，彰顯了中國政府全面深化改革、穩步推行碳排放權交易環境政策工具解決氣候問題的自信和決心。實踐中，地方性的碳排放權交易平臺從 2013 年開始陸續實質性啓動，

[①] Lund P. Impacts of EU Carbon Emission Trade Directive on Energy-intensive Industries-Indicative Micre-economic Analyses ［J］. Ecological Economics，2007，63（4）：799-806.

[②] Haupt M，Ismer R. Emissions Trading Schemes under IFRS：Towards a「True and Fair View」Carbon Pricing for Low-carbon Investment Project ［J］. Accounting In Europe，2011，10（1）：71-97.

[③] ANC. Proposals for Accounting of GHG Emission Rights ［Z/OL］.（2012-05）［2016-12-20］. http：//www.docin.com/p-738995421.html.

並準備最終建立全國統一的碳排放權交易市場。伴隨碳排放權交易在中國的迅速發展，各排放單位尤其是中國製造企業，即將面臨顯著的減排義務。為反應這一重要的經濟現實，國家層面應盡早研究制定相關的會計和財務成本核算政策規範，企業層面應在現有的會計規範框架內做好相關的會計制度設計。本書的研究既豐富和拓展了碳排放權交易會計的研究內容，為國家相關會計和財務成本核算政策制定提供參考借鑑，又可以為製造企業產品碳配額成本核算實務提供具體指導，因此具有一定的理論價值和實踐意義。

1.1.2.1 理論價值

學術界目前在碳排放權交易會計領域存在諸多爭論和分歧。本書以排放權交易、成本核算、決策有用性等相關理論為基礎，結合中國製造企業參與碳排放權交易和開展產品成本核算的現實情況，從分析碳排放權交易的實質和碳配額的財務特徵著手，提出並探討製造企業「產品碳配額成本核算」這一課題，打破了碳排放會計研究拘泥於傳統財務會計或管理會計框架之中的習慣思維和研究模式，構建了製造企業產品碳配額成本核算的框架和內容體系。研究有助於實現該領域內財務會計和管理會計的整合與互補，形成較為完整的碳排放權交易會計理論體系，因而具有較高的理論價值。

1.1.2.2 現實意義

雖然國外已有政府機構、學術組織和企業認識到碳排放權交易機制下，碳配額應作為資產入帳並將其價值計入製造業產品成本的重要性，但國外尚未展開製造業產品碳配額成本核算的系統研究和實踐。在實務中，國外製造企業的碳配額大都採用期間費用化的處理方式，未能有效計入產品成本。中國作為全球製造業大國，系統研究並推行製造業產品碳配額成本核算將具有較高的示範價值和較大的現實意義。

第一，有利於中國製造企業積極應對反傾銷與碳關稅。

中國製造企業的產品成本在國際貿易中歷來飽受質疑。長期以來，由於環境成本未能有效計入中國製造企業的產品成本，加之國內大多數企業成本核算制度不健全、成本計算方法簡單落後、提供的產品製造成本信息不完善等原因，西方國家屢屢針對中國製造企業產品提出「反傾銷」訴訟，並且中國製造企業應訴極為困難。最近幾年，歐盟和美國等又針對中國的產品和服務提出徵收「碳關稅」的要求，其主要理由就是中國出口產品沒有體現世界貿易組織有關產品環境成本內化的要求。面對上述形勢，在中國推行碳排放權交易並在製造企業內部實施產品碳配額成本核算，可以有效地將企業外部環境成本內化為企業產品的生產成本，從而極大地改善中國企業應對反傾銷訴訟的困難局

面，增加中國在國際氣候政治談判中的話語權。

第二，有利於中國製造企業加強減排的目標管理和責任考核。

目前國內製造企業的碳排放量核算往往以「企業/項目」或「產品全壽命週期」為對象進行碳實物量核算，忽視對製造業（尤其是流程製造業）產品製造過程中不同生產批次、不同生產步驟以及不同生產地點碳排放量的細緻測量與考察，因此不能將碳排放的實物量核算與價值量核算有機結合起來進行管理，也不能將企業碳排放的經濟責任落實到部門和個人，不利於企業實施低碳減排的目標管理和責任考核。將碳配額納入製造業產品成本核算的範疇，可以在碳排放實物量合理歸集與分配的基礎上，配合碳配額價值量的歸集與分配，落實企業內部各責任中心的減排責任，通過有效的目標管理和責任考核促進節能減排。

第三，有利於中國製造企業提高產品成本信息的決策有用性。

製造業產品碳配額成本核算的最終目的是提供決策有用的信息。對於企業內部的信息使用者（企業管理當局）來說，產品碳配額成本核算的信息可以使企業準確識別不同類型、批次產品碳排放消耗碳配額的強度，從而有針對性地開展生產過程中的低碳管理，對高排放的生產車間、生產步驟、生產環節實施重點監控和管理，更好地實現節能減排的目標。對於企業外部的信息使用者（政府部門、投資者、債權人、消費者、環保組織等）來說，其通過產品碳配額成本及有關信息，不僅可以瞭解企業各項產品的功能、質量、價格等外在品質，而且可以知道企業產品在生產過程中有關環境資源利用和污染排放的內在狀況，從而在有關產品和企業投資決策中合理評價和規避環境風險，採取適當的行動和措施。

1.2 研究方法

本書以製造企業產品碳配額成本核算為研究對象，採用規範研究與實證研究相結合的方法，重點解決產品碳配額成本核算過程中關於碳資產和負債計價、碳排放實物量核算、碳配額成本核算系統三個主要問題。

1.2.1 文獻綜述、對比分析、歸納演繹等規範研究方法

本書運用文獻綜述和對比分析，對國內外碳排放權交易會計的研究現狀進行綜述，總結該領域的研究成果和尚待進一步研究的問題。本書運用歸納法和

演繹法分析產品碳配額成本核算的必要性與可行性，構建以成本核算為導向的碳配額資產和負債計量模式，研究碳排放量核算和成本核算關聯與協調的具體方式，設計產品碳配額成本的具體核算系統。

1.2.2 實地調查、模擬應用、問卷調查分析等實證研究方法

由於產品碳配額成本核算尚未在製造企業實現，並且試點地區的碳排放權交易才開始啟動不久，因此本書採取模擬應用的方式進行研究。首先，深入製造企業進行實地調查，取得有關企業碳排放第一手原始資料和數據。其次，結合規範性研究的成果，以水泥製造企業產品碳配額成本核算為例，並模擬相關數據進行成本核算和帳務處理。最後，對製造企業財會人員進行產品碳配額成本核算實施意願的調查，通過描述性統計分析和二分類的 Logistic 迴歸分析，得出製造企業實施產品碳配額成本核算的主要影響因素。本書通過模擬的財務處理結果及調查分析結果來完善相關研究成果，從而為中國碳排放權會計政策制定提供借鑑，為企業實務工作提供指導。

1.3 研究框架與技術路線

推行碳排放權交易制度后，製造企業即時的碳排放意味著將履行等量的碳配額交付義務。產品碳配額成本核算，就是將生產中碳排放消耗的碳配額資源價值，正確及時地歸集和分配到各種產品中去，以提供產品生產成本的完整核算資料，以便於分析各生產環節碳排放（碳配額消耗）的合理性，採取有效措施控制和減少碳排放，以降低生產成本。在這個過程中，需要重點研究解決產品碳配額成本的核算金額、核算標準和核算系統三個問題，即製造企業生產的產品應負擔多少碳配額成本（核算金額）、製造企業發生的碳配額成本應按什麼標準計入各產品的生產成本中（核算標準）、製造企業如何核算產品碳配額成本（核算系統）。研究的邏輯結構如圖 1-1 所示。

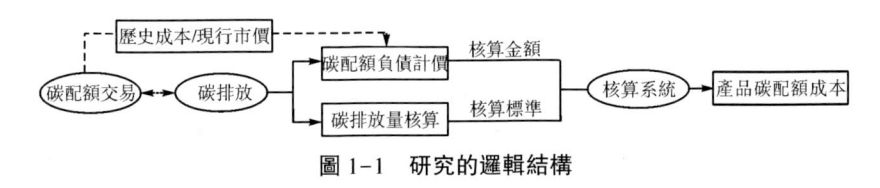

圖 1-1 研究的邏輯結構

本書共分為 8 章，按照內容可以分為研究背景與問題的提出、理論基礎與

文獻綜述、產品碳配額成本核算體系構建、模擬應用與意願調查、結論與政策建議5部分。各章主要研究內容如下：

第1章，緒論。本章首先引出本書的研究背景，闡述研究的理論及現實意義；其次總結了本書的研究方法、研究思路和主要研究內容；再次對書中涉及的重要概念進行界定；最后概述了本書主要的創新點。

第2章，理論基礎與文獻綜述。本章分別闡述了實施製造企業產品碳配額成本核算的動因理論，即排放權交易；目標理論，即會計信息決策有用性；機制理論，即成本核算，為后續研究提供理論依據和支撐。本章對國內外有關碳排放權交易會計的研究領域和現狀進行概括和總結，重點總結了法國會計準則委員會（ANC）和歐盟財務報告諮詢組（EFRAG）關於碳排放權交易會計的最新研究進展。本章對已有文獻進行評價分析，指出已有研究的貢獻、不足和對本書的啟示，提出本書的研究方向。

第3章，成本核算導向的碳配額確認與計量。產品碳配額成本的分配金額取決於企業碳配額資產和負債採用的計量模式。本章對目前碳配額資產及負債各種現實的計量模式進行總結，分析其優勢和不足，再結合產品碳配額成本核算的需要，設計以成本核算為導向的碳配額計量模式，有效解決製造企業產品碳配額成本核算的分配金額問題。

第4章，碳排放量核算和成本核算的關聯與協調。產品碳配額成本的分析依據是合理測算的碳排放量。本章分析總結了企業層面碳排放量核算的國內外標準體系和方法，然后結合製造企業成本核算的需要，構建製造企業碳排放源與成本計算對象的關聯，協調碳排放量核算週期和成本計算期。

第5章，產品碳配額成本核算系統設計。為確保成本核算的準確性，製造企業產品碳配額成本核算應視為一項系統工程。本章從產品碳配額成本核算的組織、信息和控制三個方面進行系統設計。組織系統主要研究企業環境、成本部門的設置與協調；信息系統主要研究產品碳配額成本核算的信息載體、核算程序和分析指標等；控制系統主要研究產品碳配額成本核算的內部控制和碳配額成本責任中心的設置及考核等。

第6章，產品碳配額成本核算的模擬應用。本章是在第3~5章的基礎上，以水泥製造企業為例，結合深入實地調研取得的原始資料和數據，模擬企業參與碳排放權交易的背景，精心設計製造企業實施產品碳配額成本核算的案例。本章通過對模擬案例的數據處理和分析，完善相關研究結論，為中國碳排放權會計政策制定提供借鑑，為企業實務工作提供指導。

第7章，產品碳配額成本核算的實施意願調查。製造企業能否成功實施產

品碳配額成本核算，企業財會人員的意見十分重要。本章採用調查問卷的方式，從受訪財會人員的個人特徵、所在企業特徵和對碳排放權交易會計的看法三個方面進行調查，通過描述性統計分析和二分類的 Logistic 迴歸分析，得出製造企業實施產品碳配額成本核算的主要影響因素。

第 8 章，結論與政策建議。本章首先總結了本書的研究結論；其次針對研究的結論，從政府和企業兩個層面，提出了推進中國製造企業產品碳配額成本核算工作的政策建議；最後指出本書的不足和未來的研究展望。

本書的技術路線如圖 1-2 所示。

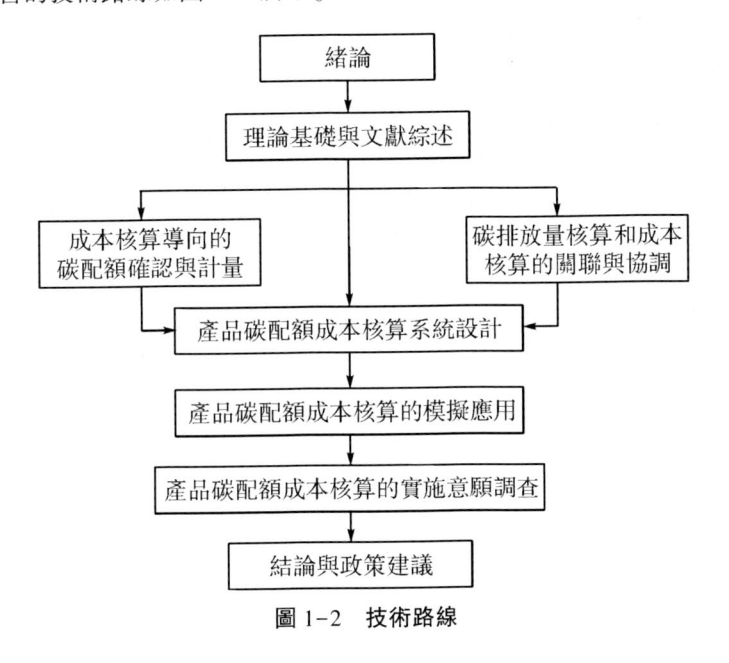

圖 1-2　技術路線

1.4　相關概念界定

1.4.1　碳配額

碳配額（碳排放權）是指某個地區在一定時期內能源消費過程中允許排放的溫室氣體總量，以配額的形式分配給排放單位。現實中的碳配額包括可供的碳配額和所需的碳配額兩類，並通過市場交易的方式實現其經濟價值。例如，某排放單位年分配碳配額為 1 萬噸，若該單位通過技術改造減少污染排

放，年實際碳排放量為 8,000 噸，那麼節餘的 2,000 噸配額就可以通過交易出售獲利。反之，其他排放單位若年實際碳排放量高於其分配的年碳配額，則需要通過交易購買配額，從而控制整個地區的碳排放總量。

1.4.2　碳排放權交易

碳排放權交易是指依法建立的二氧化碳排放額度許可的權利，類似商品一樣在市場中進行買賣轉讓。①「排放權交易」的概念最早是由美國著名的經濟學家戴爾斯在 1968 年提出的，其核心思想是「環境容量資源」商品化。排放權交易的思想產生後，最初應用於水污染物的控制和管理，其後應用範圍不斷拓展，在二氧化硫、二氧化氮和二氧化碳等空氣污染物的控制和管理方面，也逐漸應用排放權交易的辦法。1997 年 6 月，全世界 100 多個國家和地區共同簽署了著名的環境氣候變化的全球性協議《京都議定書》。《京都議定書》規定，為避免全球環境氣候的進一步惡化，發達國家要承擔相對嚴格的二氧化碳減排責任，履行與其工業發展歷史相對稱的碳減排義務。《京都議定書》提出了三個靈活的減排機制，其中就包括了碳排放權交易。《京都議定書》的生效時間為 2005 年，自此以後，碳排放權交易在世界範圍內得到快速發展，碳排放權（碳配額）開始與石油產品一樣成為國際性的商品，其交易額不斷擴大，參與碳排放權交易的不僅有發達國家的企業，而且有大量的投資銀行、對沖基金、私募基金以及保險、證券公司等金融機構。在此基礎上，國際上由於碳排放權交易而衍生的各類碳排放權金融工具不斷湧現，包括碳排放權遠期產品、期貨產品、掉期產品以及期權產品等。

1.4.3　產品碳配額成本

在碳排放權交易制度約束下，參與碳排放權交易的企業必須承擔與其實際碳排放量相當的碳配額交付義務。產品碳配額成本則是製造企業由於碳排放而需要承擔的碳配額交付義務，進而導致的生產成本。對產品碳配額成本核算進行研究，既不同於財務會計研究的「碳定價」，也不同於管理會計研究的「碳排放成本」或「碳減排成本」。前者主要解決碳配額資產和負債的確認與計量問題，後者偏重於企業碳排放的成本效益分析和減排決策分析。產品碳配額成本核算是在狹義的成本會計範疇內，研究碳配額作為生產要素，和傳統的材

---

①　排放權交易體系大體可分為總量控制與交易機制（Cap & Trade Scheme）和基準及信用交易機制（Baseline and Credit Scheme）兩類。其中，總量控制與交易機制是國際碳排放交易體系的主流，本書研究的排放權交易及其會計核算均指總量控制與交易機制下的碳排放權交易。

料、人工等成本項目一樣進行價值量和實物量的核算，通過歸集、分配、結轉等程序最終構成產品製造成本，提供更加全面、準確的產品成本信息。

1.5 主要的創新點

從國際和國內碳排放權交易體系的發展趨勢來看，總量控制進一步趨於嚴格以及免費碳配額發放比例趨於減少是其主要特徵。對製造企業而言，碳配額無論免費發放還是市場購買都是有價值的，因此只要產生碳排放就要消耗碳配額，碳配額的價值消耗理應與材料、人工等一樣計入產品的生產成本。但是，製造企業產品碳配額成本核算又是一個嶄新的財務成本核算與管理領域，作為一種新的企業經濟現象，在會計上沒有以往的經驗可以參考和借鑑。本書以碳排放權交易下的製造企業的產品碳配額成本核算為研究對象，為碳排放權會計研究提供了新的視角。本書主要的創新點如下：

第一，本書從動因、目標、機制三個方面闡述了製造企業「產品碳配額成本核算」的理論基礎和研究方向；設計了包括核算金額、核算標準和核算系統的製造企業產品碳配額成本核算的分析研究框架。

第二，本書分析了成本核算導向的企業碳配額確認與計量模式；提出了製造企業的碳排放源應該與成本計算對象相關聯、製造企業的碳排放核算週期應該與成本計算週期協調一致；初步設計了製造企業產品碳配額成本核算的組織系統、信息系統與控制系統。

第三，本書通過對製造企業產品碳配額成本核算進行模擬應用和意願調查，初步檢驗了製造企業開展產品碳配額成本核算的可行性；總結出財會人員素質、成本核算與管理現狀、外部環境管制等是影響製造企業實施產品碳配額核算工作的主要因素，並提出對策和建議。

2 理論基礎與文獻綜述

本章闡述製造企業實施產品碳配額成本核算的理論基礎，對國內外有關碳排放權交易會計的研究現狀進行概括和總結，提出本書的研究方向。

2.1 理論基礎

在中國製造企業內部實施產品碳配額成本核算，一方面是順應中國碳排放權交易市場建設發展的需要，另一方面是製造企業加強自身內部成本管理和提供高質量財務成本會計信息的需要。同時，產品碳配額成本核算還必須遵循中國有關成本計算的基本規範。與之相關的經濟和管理理論必然會直接或間接地作用於產品碳配額成本核算，為其提供必要的理論支撐和方法引導。因此，在構建中國製造企業產品碳配額成本核算框架和內容體系之前，首先要分析相關理論對產品碳配額成本核算的影響，提供必要的理論支持，避免研究的盲目性和隨意性。本書的研究將影響產品碳配額成本核算的相關理論歸納為三部分，即推動製造企業產品碳配額成本核算產生的動因理論、構建製造企業產品碳配額成本核算體系的機制理論、實現製造企業產品碳配額成本核算效益的目標理論，並具體研究每一基礎理論的影響機理及其指導意義。

2.1.1 排放權交易理論

2.1.1.1 排放權交易理論的基本思想與應用原理

排放權的思想來源於經濟學家對環境問題的分析（曾剛、萬志宏，2010）[1]。早在1960年，羅納德·科斯（Ronald Coase, 1960）在他著名的文章《論社會成本問題》中就提出了有力的論點，即給予其合理界定的財產權，就

---

[1] 曾剛，萬志宏. 碳排放權交易：理論及應用研究綜述 [J]. 金融評論，2010 (8)：54-67.

可以使用環境資源去協商和交易，從而獲得經濟利益，提出利用市場機制和產權界定的方式來解決環境的外部性問題。科斯特別強調交易成本的作用，認為只要交易成本為零，不論權利如何進行初始配置，當事人間的談判最終都會形成資源的最優化配置。譬如對於污染等帶有外部性的行為，將其確立為一種權利並使其明晰化和可交易化，然后由市場對這種權利的價值和分配做出判斷和配置。儘管科斯提出外部性行為產權化和交易化的重要思想，但將該思想具體應用於解決環境問題是美國經濟學家約翰·戴爾斯（John Dales）。他在1968年出版的《污染、財產與價格》一書中進一步發展了科斯的理論，將產權概念引入污染控制領域，定義了排放權的概念，並對排放權交易在理論層面進行設計，即排放權是權利人在符合法律規定的條件下向環境排放污染物的權利；如果允許這項權利在特定條件下進行交易，便成為可交易的排放權。

　　排放權交易的基本原理是簡易而直觀的。受所處國家、地區和行業的不同，或者在應用減排技術和管理方式上的差異的影響，不同企業的減排成本是不同的。排放權交易鼓勵減排成本低的企業超額減排，並將獲得的節餘排放權通過交易的方式出售給減排成本高的企業，幫助減排成本高的企業實現減排目標，從而降低全社會實現環境目標的履約成本。根據排放權交易標的的性質和運作機制不同，排放權交易的類型可分為基於配額的總量控制與配額交易（Cap-and-Trade，CAT）機制和基於項目的基線減排與信用交易（Baseline-and-Credit，BAC）機制兩類。CAT機制與BAC機制相比，前者不需要對配額進行核證，交易成本要低於後者，加之前者控制了污染排放的總量，更能保證實現某個特定的減排承諾或減排目標，因此基於總量控制與配額交易型的碳排放市場是目前國際碳排放交易權市場的主流。

　　在總量控制與配額交易機制下，市場監管者設定碳配額總量和進行配額分配，企業必須據一個履約年度的實際碳排放量履行相應的碳配額交付義務；同時建立交易市場，企業可通過碳配額交易以降低履約成本，以有效的市場交易途徑實現溫室氣體減排（Fankhauser & Hepburn，2010）[1]。一個完整的碳排放權交易體系，包括總量控制制度、許可分配製度、交易制度、柔性或靈活機制、監測報告核證制度、處罰制度等（王毅剛、葛興安、邵詩洋，2011）[2]。第一，應根據管理者承諾或設定的減排目標來確定總量控制的數量，總量控制

---

　　[1] Fankhauser S, Hepburn C. The Design of Carbon Markets Part I: Carbon Markets in Time [J]. Energy Policy, 2010, 38 (8): 4363-4370.
　　[2] 王毅剛, 葛興安, 邵詩洋. 碳排放交易制度的中國道路——國際實踐與中國應用 [M]. 北京: 經濟管理出版社, 2011.

的目標決定了碳配額的稀缺程度，並以量化的方式確保減排效果和環境效益的實現。總量控制越嚴格，碳配額的稀缺程度就越高，碳配額的價格和企業的減排成本也就越高；相反，總量控制過於寬松，碳配額就喪失了稀缺性，碳配額的價格就無法形成對企業減排的動力和壓力，就難以保證減排目標的實現。第二，排放總量確定以後，許可分配製度決定碳配額如何在管理對象、消費者及其他主體之間進行分配。碳配額是有價值的資產，能夠用來彌補企業受環境氣候變化和碳減排政策影響而產生的成本。雖然如何分配碳配額不會直接影響總體的減排目標，但是會影響到碳排放交易體系運行的效率，不合理或不恰當的碳配額分配製度，有可能使整個排放交易體系喪失成本效率，進而最終影響到該體系的存續。碳配額分配的基本方法通常有免費分配和有償分配兩種，其中免費分配方法包括基於歷史排放水平的祖父法（Grandfathering）和基於行業標準排放率的標準法（Benchmarking）等，而有償分配方法主要包括拍賣和租賃等。每種分配方法都有各自的優劣。目前來看，拍賣的方式是較為合理的碳配額定價機制，但在排放權交易推行的初期，免費分配的方式更易為企業所接受。第三，構建碳配額分配后的市場交易制度。碳配額的市場交易一般需要建立三個系統，分別是註冊登記系統、交易系統和清算交割系統。在實踐中，上述三個系統可以結合在一個平臺上，註冊登記系統記錄企業的配額申報和配額帳戶的變化，交易系統促成配額在不同帳戶之間的買賣和流轉，清算交割系統則是處理交易標的的交割與相應資金的轉移。碳配額的交易與其他金融商品的交易沒有本質的差別，碳排放權交易機構不僅可以開展碳配額的現貨交易，還可以開發碳配額的衍生產品交易，如碳期貨和碳期權交易，以促進碳配額的價格發現和實現企業碳配額資產的套期保值，同時增加碳交易的市場活躍度和流動性。第四，引入柔性或靈活履約機制。在不影響排放權交易體系目標實現的前提下，為增強企業的履約能力、降低其履約成本以及考慮排放交易計劃對區域、行業競爭力和經濟發展的潛在影響，可以在排放交易體系中增加部分柔性或靈活的制度設計和安排，如抵消、儲備、借貸、安全閥觸發等措施機制。第五，制定企業碳排放的「監測、報告和核查」制度，即MRV（Monitoring、Reporting and Verification）制度。MRV制度包括對企業碳排放設施的測量和追蹤、對企業碳排放量與履約情況的報告以及對企業報告可靠性的驗證和核查。碳配額作為企業一項新的資產被確認，MRV制度是必需的基礎性制度保障，是整個碳排放權交易市場體系良性平穩運行的支撐。第六，應建立對履約不力、未能完成減排義務的企業加以處罰的制度。處罰的程度應達到配額市場價格的數倍左右，這是保障碳排放權交易市場體系有效運行的前提。

2.1.1.2 排放權交易理論對產品碳配額成本核算的影響

排放權交易理論是推動製造企業產品碳配額成本核算產生的動因理論。在總量控制與配額交易機制下,碳配額作為製造企業產品生產不可或缺的生產要素,和傳統的材料、人工等成本項目一樣將成為產品生產成本的重要內容。排放權交易的理論思想和制度設計既推動了製造企業產品碳配額成本核算這一新興會計事項的產生,又直接影響到產品碳配額成本核算的框架設計和具體內容。企業碳配額資產與碳排放負債會計確認的時間、計量模式的選擇以及柔性履約機制中抵消機制、儲備機制、借貸機制等的會計處理方法會影響產品碳配額成本價值量的核算,而碳排放的監測、報告和核查制度與產品碳配額成本實物量核算直接相關。

2.1.2 成本核算理論

2.1.2.1 成本核算理論的基本思想和應用原理

在人類社會生活中,成本觀念具有悠久的歷史(宋小明,2008)[①]。但具有科學意義的成本會計的形成卻是工業社會的產物。在工業社會初期,產業資本家為了確定經營盈虧試圖計算產品的生產成本,但這個階段的成本核算過程相對粗糙,準確性很差。產業革命完成以後,製造企業日益規模化,企業與企業之間的市場競爭也不斷激烈化,產品的生產成本的重要性從而得到體現。為提高製造企業產品成本計算的科學合理性,在會計上有必要利用帳戶體系來體現材料、人工的消耗,及其在產品製造過程中反應的價值轉移和增值程序,同時根據借貸復式記帳方法的平衡原理,檢查有關成本業務記錄的正確性,從而形成了成本會計。那時成本會計的主要任務是將歷史成本進行匯總,然后分配給各種產品以計算產品的生產成本和銷售成本,其主要目的是對存貨進行計價進而確定盈虧。因此,早期研究成本會計的會計學家勞倫斯(W. B. Lawrence)對成本會計的含義做了以下表述:成本會計就是應用會計學的一般原理,系統地記錄企業生產製造產品過程中形成的全部費用,核算各類產品的總成本和單位成本,從而為經營管理者的生產和銷售政策提供有用的、明晰的決策參考。

可見,早期的成本會計理論主要圍繞成本核算的內容展開,集中體現在對成本和費用的明確區分、製造成本、製造費用、管理費用等概念的出現,折舊觀念的萌芽,以及復式簿記方法下用於成本核算的帳簿體系的產生與完善等方面,這些內容從本質上看都屬於財務會計的範疇。但從 20 世紀末開始,工業

[①] 宋小明. 成本會計發展的九大歷史規律 [J]. 會計之友(下旬刊),2008(6):15-19.

企業的市場競爭進入白熱化的階段，標準成本和預算控制等管理制度和措施開始被企業採用，成本管理開始成為成本會計的重要內容並得以快速發展，成本會計的職能得到極大的拓展，從傳統的成本核算領域發展到成本控制、成本分析、成本預測和決策等管理領域。

儘管成本會計已從單純的成本核算發展到包括成本控制、分析和預測決策在內的職能豐富的現代成本會計階段，但對於製造企業而言，產品的成本核算始終是成本會計理論與方法的核心和關鍵。在成本核算領域，目前比較重要的理論與方法主要有費用界限劃分、資產計價與價值結轉、產品成本計算、製造費用分配等。

第一，費用界限劃分。費用界限劃分是成本核算理論的核心部分。為了保證產品成本核算的客觀性與合理性，在生產經營費用的歸集和分配過程中，必須劃分各種支出和費用的界限。常見的費用劃分標準主要包括以下方面：一是正確劃分生產經營費用與非生產經營費用的界限，即支出的界限。企業在經濟活動中的支出並非全部需要計入生產經營費用。比如企業購建固定資產、無形資產等的支出屬於資本性支出；企業固定資產盤虧損失、遭受自然災害等原因造成的非常損失以及非正常原因發生的停工損失等屬於企業的營業外支出。上述支出都不能計入生產經營費用，而用於企業產品的製造銷售、用於生產經營活動的組織管理以及用於籌集生產經營資金的各種費用開支等，才能計入生產經營費用。支出界限的劃分，最重要的依據是是否為正常生產經營所必需，即為維繫生產經營運作所必需產生的正常性支出。二是正確劃分生產費用與期間費用的界限。企業在正常生產經營過程中產生的費用也並非全部計入產品生產成本，生產費用是應計入產品生產成本的費用。比如在生產車間因產品製造生產而發生的各種材料、人工和製造費用等；而用於產品銷售、行政管理部門組織生產，或生產經營資產籌措中發生的費用等都屬於期間費用，不計入產品成本，在結計當期利潤時作為抵減項。生產與期間費用的劃分，最重要的依據是是否直接為產品生產所發生，即在產品生產過程中直接產生的費用才能計入生產費用，反之應計入期間費用。三是正確劃分各期費用的界限，不論是生產費用還是期間費用，為了實現分期準確核算損益的目的，都應按照權責發生制的原則，採用待攤或預提的方式正確劃分其歸屬的期間。四是正確劃分各種產品的費用界限。計入當期產品成本的生產費用還應在各種產品之間進行劃分，屬於某種產品單獨發生的生產費用應直接計入該種產品的成本；而屬於某幾種產品共同發生的生產費用，則應採用適當的分配方法分別計入各種產品的生產成本。五是正確劃分完工產品與月末在產品的費用界限。在產品跨月完工，或在

產品數量和金額較大時，本期產生的生產費用需要採用適當的方法在產成品和期末在產品之間進行合理的分配。只有通過以上嚴格的費用界限劃分和合理的分配程序，最終才能形成有價值的成本信息。

第二，資產計價與價值結轉。資產與成本的關係特別密切。從某種意義上講，資產是尚未耗費的成本，成本是已耗費的資產。製造企業擁有的資產，在實踐中絕大部分是生產資料，它們的價值要隨著生產經營過程中的耗用，轉移到產品成本和經營費用中去。因此，這些資產的計價和價值結轉方法會對成本核算及損益確定造成重要影響。在資產計價方面，其中與固定資產有關的如資產原值與預計淨殘值的確定、折舊方法的選擇等；與流動資產有關的如存貨價值的初始確認和計量、存貨發出計價方法的選擇等。在價值結轉方面，資產的價值消耗計入產品成本可以有兩種基本方式：一是直接法，即資產的價值消耗可以直接計入產品成本，這也是常見的價值結轉方式，從會計核算的角度來看，即同時記生產費用的增加和相應資產的減少；二是間接法，即產品生產過程耗用的某種資產，既是無形（無實物形態）的消耗，又可以採用借貸的方式進行，此時資產的價值消耗可以一方面計入產品成本，另一方面確認相應負債而不記資產帳面價值的減少。

第三，產品成本計算。產品成本計算是成本核算的中心工作。企業的生產費用經過歸集和匯總以後，最終要計算出各種產品的成本。產品成本計算的目標是計算出各個產品的最終實際總成本和單位成本，從而控制生產過程的耗費並提供有用信息。科學適當的成本計算方法是正確計算產品成本的前提條件。企業的生產工藝過程和生產組織形式不同，其成本計算的具體方法千差萬別。在同一企業內部，不同的生產單位（車間、分廠）也可以採用不同的成本計算方法。無論企業選擇何種成本計算方法，都要考慮企業生產類型的特點和成本管理的要求。生產類型包括生產工藝和生產組織等方面。生產工藝不同，體現在很多方面，如流程式的生產和裝配式的生產等；生產組織不同，有大量大批生產、單件小批生產等，那麼就應該結合其生產特點採用不同的成本計算方法。就成本管理的要求而言，成本計算是為管理者提供信息決策參考的，因此要根據企業管理的不同要求，採用不同的成本計算方法。製造企業根據生產類型的特點和管理上的要求，一般採用品種法、分批法和分步法三種基本方法計算成本。大量大批的單步驟生產一般採用品種法，多步驟生產一般採用分步法，但管理上不要求分步核算時也可以採用品種法，而單件小批生產則主要採用分批法。相對而言，分步法更複雜，但核算相對準確。

第四，製造費用分配。隨著工業社會的發展進步，製造企業的生產設備和

知識、技術性資產大量增加，製造費用增長很快，成為產品成本的重要項目，製造費用分配的合理性也日益受到重視。按照製造費用分配的不同基礎理論，在實踐中產生了以產量為基礎的成本計算制度和以作業為基礎的成本計算制度。在產量基礎成本計算制度下，製造費用的分配可以直接以產量為基礎，也可以採用與產品產量有關的其他標準，如產品生產中的人工成本、人工工時、機器工時等。其特點是分配過程比較簡單，但分配對象與分配標準有時聯繫不是特別緊密，分配較為粗糙，成本分配的基礎與分配的費用可能沒有直接的關係，從而使成本分配結果不合理。由於該方法簡便易行，在製造企業成本核算實務中被廣泛採用。在作業基礎成本計算制度下，各種製造費用的分配通常以作業和成本動因為基礎，其特點是企業按不同成本的性質建立較多的成本集合，這些成本集合具有相同的特性，即具有相同的成本動因。根據不同的成本動因可以建立成本集合或成本庫，並以成本動因為基礎分配各項製造費用。由於各成本集合的成本具有相同的成本動因，按不同的成本動因分配各項間接費用，可使費用分配更合理。

2.1.2.2 成本核算理論對產品碳配額成本核算的影響

成本核算理論是構建製造企業產品碳配額成本核算體系的機制理論，決定了製造企業產品碳配額核算體系的構造和運作原理。例如，根據費用界限劃分理論，製造企業的碳配額支出應合理劃分為生產費用和期間費用；根據資產計價和價值流轉理論，碳配額資產的價值流轉宜採用間接法進行；根據產品成本計算理論，產品碳配額應和材料、人工成本一樣列為成本核算對象的成本項目之一，結合不同類型、行業製造企業生產組織和工藝碳排放的特點和要求進行產品碳配額成本核算；根據製造費用分配理論，對於不能直接計入產品成本的碳配額生產費用，宜採用作用成本法建立相應碳排放源的成本集合或成本庫，根據碳排放的成本動因分配碳配額製造費用。

2.1.3 決策有用性理論

2.1.3.1 決策有用性理論的基本思路與應用原理

早在1922年，著名會計學家佩頓（Paton）博士就提出會計應服務於用戶。此後，越來越多的會計組織和人員認識到，會計的目的就在於向信息使用者提供有用的信息。當決策者面對一個需要解決的問題時，他必須收集相關信息，包括會計信息和非會計信息，並運用恰當的方法或程序做出最佳的決策。既然會計的目標在於提供信息以幫助決策者做出適當的經濟決策，那麼會計信息如何實現「有用」。換言之，有用的會計信息應具備何種質量特徵，則成為

人們關注的焦點。在決策有用性的理論指導下，美國財務會計準則委員會（FASB）在第 2 號概念結構公告《會計信息的質量特徵》中提出了良好的會計信息應具備的質量特徵，並將各種質量特徵劃分層次如圖 2-1 所示。

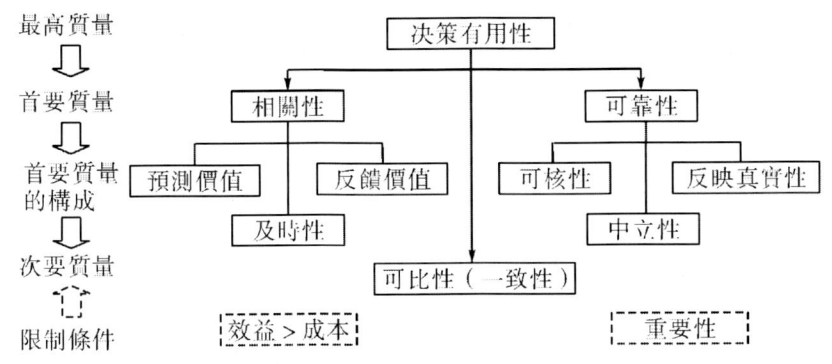

```
最高質量      ┌─────決策有用性─────┐
   ⇩         │                    │
首要質量     相關性               可靠性
   ⇩       ┌──┴──┐             ┌──┴──┐
首要質量  預測價值 反饋價值     可核性  反映真實性
的構成       └─┬─┘               ├─────┤
   ⇩        及時性              中立性
次要質量         └────可比性（一致性）────┘
   ⇩
限制條件   ┌效益＞成本┐              ┌重要性┐
```

圖 2-1　決策有用性與會計訊息的質量特徵

　　會計信息的最高質量是「決策有用性」（Decision Usefulness）。如果信息對決策沒有幫助價值，就不應該或不值得提供該項信息。但決策有用性是一個十分抽象而籠統的概念，在評估會計信息是否具備決策有用性時，應進一步考察信息的主要質量及次要質量特徵，以及考慮提供信息的限制條件（湯雲為、錢逢勝，1997）[①]。

　　第一，相關性與可靠性。FASB 認為會計信息應具備兩項主要的質量特徵——相關性（Relevance）和可靠性（Reliability）。如果能做到兩者同時增進則最為理想，但有時提高相關性可能會降低可靠性。對於相關性與可靠性的權衡及選擇，主要根據管理或決策者自身對兩者的重視程度而定，但若信息完全不具備相關性或者可靠性，則認為信息不具備決策有用性。

　　會計信息相關性通常可以在三個層面進行解釋：首先為是否影響目標，其次為是否影響理解，最后為是否影響決策。但目前最常見的定義是指會計信息應與決策相關，具有改變決策的能力。會計信息是否有利於用戶恰當地做出決策，這是 FASB 的終極目標，也是美國會計學會（AAA）在《基本會計理論說明》中採用的主要標準。FASB 認為，一項信息是否具有相關性，主要取決於三個因素，即反饋價值（Feedback Value）、預測價值（Predictive）、時效價值（Timeliness）。反饋價值，即會計信息的首要品質是能夠真實可靠、恰如其分地對過去進行總結和反應。會計信息對過去的總結可以幫助決策者發現經營管

---

① 湯雲為，錢逢勝. 會計理論 [M]. 上海：上海財經大學出版社，1997.

理中存在的問題，對問題的成因進行判斷並有針對性地採取措施去糾正偏差，從而維繫企業的正常經營運轉。預測價值是會計信息最重要的品質，即決策者能夠通過會計信息對企業經濟活動的有序反應，判斷企業經營運作中規律性或趨勢性的現象，從而幫助決策者更好地制定未來的決策，這一點對會計信息作用的發揮尤為重要。時效價值是會計信息質量的基本保證，缺乏時效性的信息自然降低了其反饋價值和預測價值。

可靠性是會計信息另一個主要的質量特徵，是指確保信息能免於錯誤及偏差，並能忠實地反應其意欲反應的現象或狀況的質量。信息如果不可靠，不僅無助於決策，而且可能造成錯誤的決策。對可靠性的理解通常包含以下三個方面：反應真實性（Representational Faithfulness）、可核性（Verifiability）和中立性（Neutrality）。反應真實性是可靠性最為重要的品質，即會計信息反應的企業經濟活動的現象應與事實相符，不偏不倚。可核性與反應真實性不同，其更重視會計信息的客觀依據性，即信息的反應必須以客觀存在的證據作為其反應的基礎，至於該證據本身是否反應真實則置於次要的地位。中立性是指會計信息的反應應站在公平、公正的立場上進行，不得帶有與利益等相關的感情色彩。從上述可靠性的三種理解來看，反應真實性與可核性存在一定的矛盾衝突，高質量的會計信息可以更注重反應真實性，但從可操作的角度來看，可核性在會計實務中可能更為直接。

第二，可比性和一致性。無論是整個社會經濟資源的配置抑或企業的資產編排，都需要在不同方案間進行判斷、比較和選擇，才能使社會或企業的資源、資產得到最優化的配置和利用。如果整個社會不同部門或不同企業在資產和負債計量、成本和費用計算、利潤計算等環節使用相同或相近的程序或方法，使其信息產生的基礎大體一致，則會計信息的決策有用性會大大提高。因此，可比性（Comparability）和一致性（Consistency）也是會計信息是否有助於企業決策的關鍵質量因素。與相關性和可靠性不同，可比性和一致性不是某項會計信息所能獨立表現出來的質量特點，它們需要通過兩項及以上的會計信息間的關聯才能得到體現和表達，因此稱為「次要和交互影響」的質量特徵。可比性通常指決策者對於兩個不同的經濟主體提供的同類信息進行比較而發現其差異特徵的信息質量。其質量具體表現在：不同會計主體相同的經濟情況在會計上要反應出相同和相似的信息；不同會計主體不同的經濟情況在會計上要反應出不同的信息。實現會計信息可比性質量特徵的有效方式通常是在企業外部層面制定較為嚴格的會計準則，盡可能地對企業的經濟業務制定規範而詳盡的處理辦法。一致性通常指決策者對於企業不同時期的同類信息進行比較而發

現其差異特徵的信息質量。其質量具體表現在：同一會計主體在不同時期相同的經濟情況在會計上要反應出相同和相似的信息；同一會計主體在不同時期不同的經濟情況在會計上要反應出不同的信息。實現會計信息一致性質量特徵的有效方式通常是在企業內部層面，會計政策的制定具有長期性、穩定性的特點，同時對會計程序和方法的選擇應嚴格控制，不能經常性地變動。

第三，成本效益關係和重要性。在決策有用觀的指導下，良好的會計信息應具備相關性、可靠性等主要質量特徵和可比性、一致性等次要質量特徵，但在會計信息的提供過程中，還應考慮成本效益關係、重要性等一些提供信息的限制因素。從某種意義上看，會計提供的信息也具有產品的性質，會計信息的產生和利用建立在一定的人、財、物的成本支出和消耗基礎上，因此只有高質量的會計信息所能產生的經濟效益可以彌補其信息成本時，才符合經濟性的原則。通常，企業提供會計信息的成本包括最初的建帳建制支出或具體業務會計處理流程中的開支等，這些成本大都由企業承擔，但也可能轉嫁給信息使用者承擔。至於會計信息的效益，對企業而言可能增加經營效率、獲得資金的融通或吸引更多直接投資；對投資者和債務人而言，可以加深其對投資風險和報酬的理解和判斷，與此相對應，整個社會資源也可能會得到更優的配置。對於會計信息而言，重要性（Materiality）是指當一項會計信息被遺漏或錯誤地表達時，可能對依賴該信息做出判斷的人的影響程度。通常，一項會計信息的重要性是指其足以影響決策的程度。重要性與相關性不同，相關性對決策的影響是質量上的要求，而重要性則是數量（程度）上的要求，如某信息與決策相關，但其涉及的金額太小不足以對決策產生任何差異則該信息不具備重要性。可以看出，重要性是決定會計信息的關鍵。通過重要性的檢驗，才需考慮相關性及可靠性，因此需要單獨呈報此項信息。重要性也被稱為「承認質量的起端」或「確認的門檻」（湯雲為、錢逢勝，1997）[1]。

2.1.3.2 決策有用性理論對產品碳配額成本核算的影響

決策有用性理論是實現製造企業產品碳配額成本核算效益或作用的目標理論，其決定了製造企業產品碳配額成本核算的最終目的是提供有用的信息。首先，製造企業實施產品碳配額成本核算符合成本信息質量的相關性和可靠性要求，並且相關性與可靠性之間並無矛盾衝突。碳配額計入產品成本，是碳排放權交易背景下環境成本內部化的具體體現，產品成本只有涵蓋了碳配額成本，產品的真實價值才能得到完整的體現和補償。其次，製造企業實施產品碳配額

---

[1] 湯雲為，錢逢勝. 會計理論 [M]. 上海：上海財經大學出版社，1997.

成本核算符合成本信息質量的可比性和一致性要求。實施產品碳配額成本核算以後，不同生產工藝和技術條件下的製造業產品成本才更具有可比性，高排放、高能耗、高污染的工業產品將反應出較高的碳配額生產成本，從而更能體現節能減排對於製造企業降低產品成本的優勢。最後，製造企業實施產品碳配額成本核算也符合成本效益原則和重要性要求。產品碳配額成本信息對於企業管理和決策有著極高的參考價值，而碳配額成本核算及信息的提供，建立在對企業碳資產、負債計價以及對碳排放量核算的基礎之上。隨著碳排放權交易的推進，無論是碳計價還是碳排放量核算，都將成為企業的常規性工作，碳配額成本的核算不會增加企業過多的人力和物力成本。此外，在產品碳配額成本核算過程的部分環節，仍需要貫徹會計核算的重要性原則。

2.2 文獻綜述

2.2.1 國外碳排放會計研究綜述

由於碳排放權交易在國外推行較早，並且對企業財務的影響日益加深，因此國外有關碳排放權交易財務和會計層面的研究歷史也相對較長，目前的研究重點主要集中在排放權的資產性質研究和確認計量的會計方法兩個方面。此外，近兩年以來，法國會計準則委員會（ANC）和歐盟財務報告諮詢組（EFRAG）分別就碳排放權交易會計發佈了較為完整的建議草案。本書首先對前期關於排放權資產性質和確認計量方法的國外研究進行概況性的介紹，然后對 ANC 和 EFRAG 發佈的兩個研究成果進行著重介紹。

2.2.1.1 關於排放權資產性質的研究

排放權是否應歸屬於一項資產在學術界和實務界並沒有太多爭議，但對於排放權應確認為何種性質的資產，卻有眾多不同的意見。目前主要有存貨觀（Mort Dittenhofer，1995）[1]、無形資產觀（ISAB，2004）、金融資產觀（Adams，1992；Sandor & Walsh，1993；Fiona，2002）、新型資產觀（ANC，2012；EFRAG，2013）等意見。

---

[1] Dittenhofer M. Environmental Accounting and Auditing [J]. Managerial Auditing Journal, 1995 (8): 40-52.

排放權的存貨觀點最早是美國聯邦能源管理委員會（FERC，1993）[①] 提出的。美國於 20 世紀 90 年代初依據《空氣清潔法修正案》，實行了旨在改善空氣和環境質量的「酸雨計劃」，正式實施排污權許可證交易。為規範其會計處理方法，美國制定了《統一會計系統》（RM92-1-000），並明確企業排污必須履行排污權的法定交付義務，由此而持有排污權在會計上應確認為存貨處理。美國財務準則委員會（FASB）設置的緊急任務小組（EITF，2003）針對《參與總量——交易機制下的排污權會計基準草案》的研討結果表明了其態度，即企業因初始分配而獲得的排污權許可證在會計上應確認為存貨。莫特·迪特霍爾夫（Mort Dittenhofer，1995）指出，排污權與存貨有較多的共同特徵。法國企業運動聯盟（MEDEF，2005）明確提出，不能因排污權沒有實物形態而認為應歸屬於無形資產的類別，相比較而言，排污權最符合存貨的定義。

排放權的無形資產觀的典型代表是國際會計準則委員會（ISAB，2004）發布的解釋公告《排放權》（IFRIC 3）。IFRIC 3 明確碳排放權應納入無形資產核算的範疇，代表了國際會計準則委員會的意見，即排放權符合資產的定義，而且沒有實物形態，因此屬於資產中的無形資產。居爾等（Ewer 等，1992）和沃姆比斯根斯等（Wambsganss 等，1996）也指出，排放權可以是由政府無償進行分配，企業可以在市場上自由交易購買，但無論何種性質的排放權，都可以在未來給企業帶來經濟利益流入，因而符合資產的定義，並且同時具有無形資產的大部分特徵，應確認為無形資產。日本企業會計標準委員會（ASBJ，2006）修正后的《排污權交易會計處理》實務公告指出，以預期未來自用為目的的排污權額度取得時，作為無形資產進行會計處理。

排放權的金融資產觀也較為流行，通常用於以第三者交易為目的的排放權交易取得的排放權被視作金融資產進行會計處理。例如，日本企業會計標準委員會（ASBJ，1998）規定，碳排放權是一種特殊的嵌入型的衍生金融工具或產品，碳交易合同符合金融工具的定義。亞當斯（Adams，1992）、桑德爾和沃爾什（Sandor & Walsh，1993）等認為，排放權應以有價證券的形式進行存儲，還可以衍生出碳排放期權和碳排放期貨產品進行處理，因而可以被視為衍生金融工具。菲奧娜等（Fiona 等，2002）指出，排放權具有與金融工具類似的特徵。日本企業會計標準委員會（ASBJ，2006）修訂后的《排污權交易會計處理》實務公告指出，以第三者交易為目的的排污權按金融衍生工具的會

[①] FERC. Uniform System of Accounts Prescribed for Public Utilities and Licensees Subject to the Provisions of The Federal Power Act [J]. Federal Register, 1993 (7): 18004-18005.

計標準進行處理。尤爾根（Jurgen，2007）[①]還提出「碳貨幣」的觀點，即將碳排放權在會計上視作貨幣資金來處理。

排放權的新型資產觀來自法國會計準則委員會（ANC，2012）和歐盟財務報告諮詢組（EFRAG，2013）的研究。2012年，ANC發布了《關於溫室氣體排放權會計——反應企業的商業模式的建議書》。ANC認為，排放權資產具有特殊的性質，從會計角度來看，由於排放權的特殊性質，僅根據不同資產分類的字面上的會計定義，它並不能被輕易劃分。排放權交易制度是一項創新制度，制度目標應區別於為實現目標所採取的措施。制度目標是促使歐洲工業企業減少溫室氣體排放。為實現目標，針對企業超排情況並沒有制定一套稅收或罰款制度，經研究決定不對每個排放設備的排放量進行行政限制，而是提供一個排放權數量有限的市場，並允許市場決定溫室氣體排放權的價格。由於排放權市場可以自由進入，企業會在以下兩種情況購買排放權：為履行相關義務而不得不購買；為獲取利益而自願購買然后轉賣。這些創新特徵在會計科目分類和會計計量等方面引起爭議。

與傳統觀點不同，EFRAG認為，碳排放權交易計劃下的排放權不屬於任何現存的資產類別，其創新特徵不能被其他資產類別字面上的會計定義簡單涵蓋。首先，排放權不屬於金融資產。因為排放權並不代表從第三方獲取現金（或其他金融資產）的權利，而且排放權並不是基於合同而是基於法律強制企業參與排放交易計劃而產生的。其次，排放權不屬於存貨。因為在生產過程中排放權並不是有形消耗，而且企業可以在沒有獲得排放權的情況下完成生產過程。最后，排放權也不屬於無形資產。因為無形資產（如許可證）與排放權之間有所不同，擁有排放權並不是企業進行活動的先決條件，而企業開始營運之前必須持有許可證。此外，EFRAG還指出，由於參與排放權交易計劃的企業最終將履行交付與其碳排放量相當的排放權的義務，因此排放權與在排放交易計劃下產生的義務相關聯是排放權區別於其他資產類別的重要特徵。綜上所述，EFRAG認為，現存的會計指導中找不出一項對排放權的會計處理完美的類比，排放權的創新特徵不同於現存的任何資產類別，而應單獨歸類於一種新型的資產，因此需要針對排放交易計劃發展完善出一套特別的會計指導。

2.2.1.2 關於排放權確認和計量方法的研究

排放權作為一項資產如何在會計上進行確認和計量，在學術領域和實務領

[①] Lefevere J. Linking Emissions Trading Schemes: the EU ETS and the「Linking Directive」[M]. Oxford: Oxford University Press, 2007.

域都是頗具爭議的問題。儘管排放權交易這一經濟現象已經出現 20 多年，但一直沒有相關的國際準則對該問題進行規範，在實務中的做法也是各不統一。目前常見的確認和計量方法有政府補助法、負債淨額法以及 IFRIC 3 提供的方法。近年來，對這三種方法的評價和爭論的意見很多，比較具有代表性的研究主要有以下方面：

有學者（Giner Inchausti, 2007; Bebbington, 2008[1]; MacKenzie, 2009[2]; Cook, 2009[3]）分別就碳排放權交易體系對國際財務報告準則框架下的會計處理產生的影響進行了深入研究。研究表明，碳排放權資產及負債在現有會計政策的指導下，很難實現公允表達和披露，也極易造成企業利潤的不合理波動和正常經營業績的扭曲。

有機構及學者（IETA, 2002; PwC, 2008[4]; Lovell 等, 2010）對各國企業碳排放權交易會計實務進行了調查研究。調查發現，大部分企業都採用負債淨額法核算碳排放權，只有少部分企業採用了政府補助法或 IFRIC 3 提供的會計核算方法。尤其是那些分配到高額免費配額的大型企業（如電力企業），樂於採用負債淨額法，在收到免費配額時確認為零成本，又在合適的時機通過售賣配額來釋放利潤。

有學者及機構（Anttonen 等, 2007[5]; EEA, 2008[6]; Patek, 2006; Haupt & Ismer, 2011; Marius Deac, 2013[7]）等分別對各國碳排放權交易會計處理方法進行了比較研究。研究表明，碳排放權會計權威指導的缺失（IFRIC 3 在 2005 年被撤銷）造成碳排放權計量模式的多樣化，參與排放交易計劃的各國企業的財務報表難以比較。無論是政府補助法、負債淨額法還是 IFRIC 3 提供的方法，都存在優勢和不足，也引發與真實和公允概念的衝突。

---

[1] Bebbington J, Larringa-González C. Carbon Trading: Accounting and Reporting Issues [J]. European Accounting Review, 2008 (17): 697-717.

[2] MacKenzie D. Making Things the Same: Gases, Emission Rights and the Politics of Carbon Markets [J]. Accounting, Organizations and Society, 2009, 34 (2-4): 440-455.

[3] Cook A. Emission Rights: From Costless Activity to Market Operations [J]. Accounting, Organizations and Society, 2009 (34): 456-468.

[4] PwC. The IFRS Manual of Accounting 2009 [M]. London: Croner CCH Group Ltd, 2008.

[5] Anttonen K, Mehling M, Upston-Hooper K. Breathing Life into the Carbon Market: Legal Frameworks of Emissions Trading in Europe [J]. European Environmental Law Review, 2007 (4): 96-115.

[6] EEA. Application of the Emissions Trading Directive by EU Member States [J]. Technical Report, 2008 (13): 74-75.

[7] Deac M. Accounting for Greenhouse Gases Emissions Allowances in Romania [J]. Annals-Economy Series, 2013 (2): 188-192.

2.2.1.3 ANC 關於碳排放權交易會計的最新研究

以上國外研究，建立在碳排放權交易會計初期實踐的基礎之上，還處於探索和爭論的階段。鑒於碳排放權交易會計的複雜性，ISAB 自 2005 年以後始終沒有出抬與之相關的準則或解釋公告。但為適應歐盟碳排放權交易快速發展的需要，在歐盟內部針對碳排放權交易會計的研究卻日益高漲。其中，法國會計準則委員（ANC）和歐盟財務報告諮詢組（EFRAG）的研究最具代表性，代表了國際碳排權交易會計的最新進展和成果。

2012 年，ANC 發布了《關於溫室氣體排放權會計——反應企業的商業模式的建議書》。ANC 在建議書的引言部分介紹了歐盟排放權交易制度（EU ETS）2005 年啓動以來的運行情況和特點，然后從以下四個方面發表了其排放權交易會計處理的意見。

第一，排放權分類與計量的困境。ANC 根據資產的定義，即企業過去的交易或者事項形成的由企業擁有或控制的、預期會給企業帶來經濟利益的資源，認為排放權應定義為一項資產。但是排放權並不完全屬於任何現存的資產類別。ANC 的理由是：首先，排放權定義為金融工具的理由並不充分。因為排放權既不是現金，又不是權益工具，也不是交換、接受現金或其他金融資產的合同權利。其次，排放權不是無形資產。排放權也超出了無形資產的定義範圍，儘管它沒有實物形態，但它與我們知道的無形項目（如捕魚配額、軟件產品、出租車牌照、複製權利等）沒有共同特徵，特別是在排放權需要收費的情況下。事實上，排放設備要加入排放權交易制度就必須有溫室氣體排放許可證。在適用情況下，這種多年許可證可以看成無形項目，如果它也符合資產確認條件的話。這種許可證顯然有別於排放權，企業必須購買排放權以判斷溫室氣體排放量。企業若不履行上交排放權給國家的義務將會受到處罰。處罰是以罰款形式實現的，這並不能免除企業上交排放權的義務。如果排放設備未履行排放權上交義務，無論是歐洲立法還是法國法律都沒有命令設備停工的相關規定。

此外，ANC 認為，企業擁有的排放權並不能合法賦予企業進行溫室氣體排放活動的權利。持有排放權只不過是進行排放活動的結果。儘管名字是叫「排放權」，但它並不能被認為是排放溫室氣體的權利。由於這些特點，排放權不同於那些通常被確認為無形資產的項目（出租車牌照、捕魚配額、軟件、專利、複製權等），這些項目要麼保證要麼考慮到了實行時間會超過一個週期的活動。在這類活動實行之前，若企業未擁有相應項目，要麼會阻止活動的實行，要麼會違法從而可能導致停工處罰。因此，排放權不能被看成無形資產。

同時，排放權嚴格來說也不是實物商品存貨。雖然企業因為製造活動必須購買排放權，但排放權實際上在製造過程中被消耗了。這種消耗是無形的，因為排放權不具有實物形態。然而，根據法國會計準則與國際財務報告準則，排放權由於以下原因被視為無形資產：排放權是不具有實物形態的項目。在期間開始時，國家根據對當期溫室氣體排放情況的預計分配若干排放權給相關經營者，分配額度被認為是保證當期經營過程的資產。在企業有償獲取排放權的情況下，這種邏輯將不再合適，因為企業若覺得有必要就能夠購買排放權。因此，必須提出一種新的經濟方法。在國際財務會計準則下，不管企業購買的排放額度的用途而進行統一計量的做法是跟不上潮流的。以成本計量排放權對於那些由於自身製造活動不得不購買排放權的企業來說是合適的。然而，這種計量方法並不能精確反應使用排放權作為市場工具所承擔的風險。相反，以市場價值計量排放權在財務評估法的範圍內是恰當的，但對不得不購買排放權的企業卻會引起不合理波動。

第二，區別碳排放權的兩種商業模式的分類。ANC認為，根據資產用途來決定分類與同類計量的問題已是較常見的做法。會計準則提供了確認或計量方法可以依據用途確定項目的各種情形。例如，IAS 2（「存貨」）規定經紀人可以以公允價值計量存貨，而用於製造活動的同樣的存貨則總是以成本計量。IAS 39要求合同以固定價格購買，通常被認為是衍生品，除非是為企業自用而實物清算，在這種情況下其不被視為衍生品（IAS 39.6）。根據企業用途與其商業模式而決定的不同的確認原則可應用於同樣的項目（實物存貨、合同），採用同類規則會導致編製財務報表的不一致。因此，需要實現對排放權計劃的經濟分析以保證其得到恰當的說明。這應該依據排放權的特性與企業的排放權經營。企業購買排放權的原因包括溫室氣體排放企業的購買義務和帶有交易目的的自願購買。

ANC認為，排放權是一種新的商品類型。在實務中，排放權與所有對生產過程必不可少的商品的處理方法是相同的。就像所有商品一樣，排放權可以由於生產過程而購買，也可以拿來出售。根據企業是否不得不購買排放權，溫室氣體排放企業或貿易公司有兩種商業模型的應用，如表2-1所示。

表2-1　　　　不同商業模式下碳排放權交易的特點

模式類型	生產模式	交易模式
排放權購買	強制性的 與生產活動相關	自願的 獨立於生產活動

表2-1(續)

模式類型	生產模式	交易模式
購買目的	服從	價值/收益升值
購買結果	凍結生產成本 保證服從	不凍結生產成本 產生收益
履行上交義務	證明服從	不適用的

資料來源：根據 ANC（2012）的資料整理

一是生產模式：購買排放權以向國家履行義務。在這種情況下，由於企業活動，排放權的購買是不可避免的。購買應以一種與購買生產過程所需的所有消耗品相似的方式進行管理。排放權的購買與企業營業週期相關。企業購買排放權會凍結生產成本。購買排放權使企業依據自身溫室氣體排放量履行了自身義務。最后一步是上交排放權給國家提供服從證據。

二是交易模式：不同於服從目的的自願購買排放權。因為排放權可以隨時進行交易，企業可以自願購買排放權作為一項單獨的交易活動，與企業其他活動無關。這種模式適用於不排放溫室氣體的企業，但其也會被溫室氣體排放企業在採用生產模式的同時偶爾採用。對於採用交易模式的溫室氣體排放企業，購買排放權並不凍結其生產成本，也不保證其履行義務，只有當排放權上交給國家時才算作義務。

第三，生產模式下碳排放權的確認與計量。ANC認為，在生產模式下，購買排放權以履行義務應記為存貨。企業購買排放權並將其作為一項在生產過程中使用的新商品。購買排放權的成本代表一項新的生產費用。排放權因此記為存貨。由於行政本質，排放權不同於實物商品。排放權在生產過程中不會產生實物損耗，而且可以在企業認為合適的時候被購買，可以在實際排放溫室氣體之前或之后。然而，企業必須在上交排放權給國家的最后期限之前購買排放權。與排放權有關的負債在企業尚未購買相應排放權時進行確認。在購買排放權的背景下，溫室氣體排放會導致排放企業的兩項義務：購買排放額度的義務和在排放期間結束時上交排放權的義務。為了上交排放權給國家而購買排放額度的義務會產生一項負債，因為這會使企業資源流出而沒有等價的補償。然而，上交購買額度的義務並不會產生負債，因為當企業購買排放權時就已經決定了資源的流出。當企業上交排放權時不會有更多的資源流出。國家不需要使用排放權，國家從排放權的拍賣中獲得資金，在企業上交排放權時銷毀排放權。排放額度的上交僅僅提供了企業服從溫室氣體排放規則的證據。負債只在企業排放了溫室氣體且沒有提前購買排放權時進行確認。負債按照企業排放進

行登記。負債會因為企業購買相應額度以上交國家而清償。

政府分配排放權時，企業購買排放權以服從相關排放義務的支出為生產成本。政府分配的排放權使企業排放一定量的溫室氣體而不需要額外的生產成本。為了正確反應與溫室氣體排放相關的生產成本，國家分配排放權邏輯上應記為零。這種計量方法在國際財務報告準則下是被認可的。排放權分配代表著承認補助，這與 IAS 20 相一致，即以一種非貨幣性資產轉讓的形式。分配的排放權與相應的補助可以記為零（IAS 20.23）。這種計量模式也符合法國會計準則。國家只給被授予排放溫室氣體資格的企業補助排放權，而經營者有義務上交與當期排放量相等的排放額度給國家，並且沒有國家的補償。國家補助排放權只有一個目的，就是在企業遵守排放許可規定時，讓經營者能夠避免承擔額外的生產成本。這並不表示最終經濟優勢的授予與商法典關於免費獲得的資產的會計規定不適用於排放權。分配的排放權因此可能記為零。

在溫室氣體排放后購買排放權，企業要確認負債以對應生產成本。負債根據資源流出的最佳估計進行計量，即排放權的市場價格或者是企業在交付日期之前交付排放權所購買的排放權的價格。負債會在企業將來購買排放權時清償。企業在排放溫室氣體後實行現貨交收的預購合同時確認負債。根據 IAS 39 的規定，以固定價格購買商品的合同理論上是衍生品。然而，該準則也規定在企業根據預期購買，銷售或使用需求訂立合同並以接收或交付非金融項目為目的繼續持有（IAS 39.5）的情況下「自用」豁免，如果企業能夠證明合同規定了實物交割期權且企業將使用期權（IAS 39.6）。以企業正常活動（即不包括交易活動）為目的所訂立的合同按照 IAS 39 被列為待履行合同，並且不確認為衍生品。排放權現貨交收的預購合同通過交付結算為企業自用，且不被確認為衍生品，但要記於資產負債表外。公允價值變動不需要確認。由於企業排放溫室氣體時沒有現貨交收，企業確認與排放量相應的負債。合同規定的價格與負債的計量有關。負債在排放權交付日撥回，現金購買也是同樣的方式。在法國會計準則下，碳排放負債要根據對應於企業為清償義務所需資源流出的最佳估計的量來計量。因此，負債也以合同中規定的價格計量。在溫室氣體排放日期與上交日期之間，從存貨中移除的排放權要在資產負債表外被監控。其提供了企業服從溫室氣體排放相關義務的證據。

第四，交易模式下碳排放權的確認與計量。ANC 認為，在交易模式下，排放權的購買是自願的，與溫室氣體排放無關。排放權依照企業正常活動情況作為待售資產進行管理，排放權確認為存貨。根據法國會計準則的規定，此時的排放權初始計量以購置成本記錄。如果排放權現值低於帳面淨值，就需調低

帳面淨值至現值。處置排放權的收益或損失在損益表中確認。根據國際財務報告準則的要求，排放權的初始與后續計量，排放權以公允價值減去處置費用計量。公允價值減去處置費用的變動在變動期間計入損益（IAS 2.3 & 5）。處置排放權的收益或損失在損益表中確認。

　　因為企業商業模式不同，排放權的確認與計量就不同，所以企業必須既識別又證明其商業模式。在一些情況下，識別是顯而易見的。例如，對於不排放溫室氣體的仲介機構，商業模式就是交易模式。然而對於在許多不同地點排放大量溫室氣體的企業，這類企業有主要採購需求且或多或少實行活躍策略以優化生產成本，商業模式的識別可能會有更多問題。因此，企業必須明確證明其策略，以目標與購買排放權的合同證明其商業模式。

　　上述分類和計量方法在會計實務中的應用，根據具體使用情況將相同性質項目確認為不同科目並非前所未聞。這種做法已經應用於商品與現貨交收的採購合同之中。因此，商業模式所需證明必須適應於排放權的具體情況，對排放權採用依據 IAS 39 用於衍生品的證明類型的分類自用合同（IAS 39 的條例沒有涉及此處）看起來可能是恰當的。為證明企業商業模式，企業必須宣布排放權購買策略與政策，並證明其積極性符合其所宣布的策略與政策。在實踐中，在生產模式範圍內，企業必須用書面證據說明購買合同（用現金、遠期與排放權衍生品）極有可能是填補過去與將來的排放量。在這方面，企業必須精確地將採購分配到具體的生產期間。在生產模式範圍內，企業處置之前購買的排放權是可能的。當排放預測下調而企業為履行義務持有過多排放額度；或者為了利用價格機會，以最低成本獲得更多排放權。但是這些處理必須有所限制，並且是依據生產成本削減策略使用，而不僅僅是在市場上實現收益。在這個框架以外的處理將使企業生產模式無效。因此，企業必須匯報企業在期間截止日期所持有的排放權的量，及其與過去、將來溫室氣體排放之間的關聯；從多年排放規劃開始以來每種商業模式購買與出售排放權的總合計數。另外，證明商業模式意味著實施政策的持久性。排放權購買策略的重大變化（通過具體事件來看是不合理的，如由於計劃外的、延長的設備停工，市場份額丟失導致生產力下降）可能會使企業商業模式無效。

2.2.1.4　EFRAG 關於碳排放權交易會計的最新研究

　　歐盟碳排放權交易體系（EUETS）作為全球最大的碳排放市場，在世界碳排放權交易市場的建設發展中發揮著重要的示範作用。與之相應，歐盟對於碳排放權交易會計的實務進展和理論研究也處於國際前沿地位。早在 2004 年 12 月，國際會計準則理事會（IASB）下屬的國際財務報告解釋委員會

（IFRIC）就針對 2005 年開始實行的歐盟排放交易計劃的會計處理方法發布了一份解釋公告《排放權》（IFRIC 3），這成為碳排放權交易會計的第一份正式的國際指南。但該公告發布后立即遭到了歐盟的抵制，歐盟委員會下屬的歐盟財務報告諮詢組（EFRAG）指出 IFRIC 3 存在致命的缺陷，該公告中排放權資產與負債的不同計量模型會導致嚴重的會計錯配。因此，EFRAG 向歐盟委員會提出了否決該公告建議。2005 年 6 月，IASB 決定正式撤銷 IFRIC 3。這樣，IFRIC 3 提供的會計方法將不再是強制性的，而僅僅代表了歐盟碳排放權交易體系下一種可能的會計處理方法。

IFRIC 3 撤銷后，IASB 在 2007 年 12 月重啟了排放權交易研究項目，但該項目的工作於 2010 年 11 月被暫停。儘管如此，歐盟關於企業應如何在其財務報表中充分反應碳排放權交易計劃所產生的影響這一會計問題仍一直受到廣泛關注和討論。迄今為止，已有個別研究分析了歐盟碳排放權交易體系對遵循國際財務報告準則的會計處理所產生的影響。有一些研究針對歐盟各國企業會計實務操作進行了調查分析。另外，許多關於歐盟各國企業排放權會計處理方法的比較研究也已開展。權威指導的缺失導致歐盟碳排放權交易體系的會計方法的差異，根據普華永道會計師事務所（PwC）的調查報告，目前有關碳排放權交易的會計處理方法達 15 種之多。在缺乏解決排放權交易計劃會計問題專門規範的情況下，歐盟目前所有的關於排放權交易的會計處理方法都是基於現行國際財務報告準則條例的相關解讀。但由於相關會計政策問缺乏協調一致性和碳排放權交易本身的複雜性，實務很難實現財務報告的真實性與公允表達，並難以避免利潤波動對正常經營業務結果的扭曲。企業普遍希望通過準則制定者得到更多指導和更易清晰選擇的會計政策。基於上述原因，自 2012 年以來，法國、義大利、比利時、西班牙等歐盟國家的會計準則制定機構紛紛就碳排放權交易會計發表了自己的準則草案或建議書，意在引起國際性的討論，並促使 IASB 盡快完善和盡早發布關於碳排放權交易會計的國際準則。在歐盟各國準則草案和建議書的基礎上，EFRAG 在 2012 年下半年也發布了對碳排放權交易會計的評論草案，旨在激發歐洲內外的辯論，並準備在此基礎上提出對 IASB 的正式建議。EFRAG 對碳排放權交易會計未來發展的主要觀點如下：

第一，排放權是一種新型的資產類別。如前所述，與傳統觀點不同，EFRAG 認為碳排放權交易計劃下的排放權不屬於任何現存的資產類別，其創新特徵不能被其他資產類別字面上的會計定義所簡單涵蓋。首先，排放權不屬於金融資產。因為排放權並不代表從第三方獲取現金（或其他金融資產）的權利，而且排放權並不是基於合同而是基於法律強制企業參與排放交易計劃而

產生的。其次，排放權不屬於存貨。因為在生產過程中排放權並不是有形消耗，而且企業可以在沒有獲得排放權的情況下完成生產過程。最后，排放權也不屬於無形資產。因為無形資產（如許可證）與排放權之間有所不同，擁有排放權並不是企業進行活動的先決條件，而企業開始營運之前必須持有許可證。此外，EFRAG還指出，由於參與排放權交易計劃的企業最終將履行交付與其碳排放量相當的排放權的義務，因此排放權與在排放交易計劃下產生的義務相關聯是排放權區別於其他資產類別的重要特徵。綜上所述，EFRAG認為，現存的會計指導中找不出一項對排放權的會計處理完美的類比，排放權的創新特徵不同於現存的任何資產類別，而應單獨歸類於一種新型的資產，因此需要針對排放交易計劃發展完善出一套特別的會計指導。

第二，排放權的會計方法應該以其預期用途為基礎。EFRAG認為，排放權的確認與計量應該考慮企業預期如何使用排放權。在歐盟排放交易計劃中，無須參與該計劃的企業也可以購買並交易排放權，而免費分配給溫室氣體排放企業的排放權可以在市場上自由交易，即免費配額的用途沒有法律約束。這樣將產生兩種應用模式，即交易模式下企業持有排放權的目的在於交易以從價格短期波動中獲利，生產模式下企業持有排放權用於生產過程並最終上交給國家。在上述兩種模式下企業試圖實現兩種不同的目標：交易模式的目標是利潤最大化；生產模式的目標是先要避免罰款，但也要控制其生產成本。在交易模式中，報表使用者需要的信息是由交易活動引起的損益、持有的排放權與衍生品的現值。由於企業試圖從排放權的價格波動中獲利，因此採用公允價值計量且其變動計入當期損益的會計方法可以最好地為信息需求者服務。而在生產模式中，報表使用者需要的信息主要是企業由於排放行為而須承擔的排放成本以及由於減排而節餘免費額度帶來的收益。為生產持有排放權的市價變化與上述的信息相關性不大，因此對在市場上獲取的排放權根據採購成本計量，而對免費額度採用推定成本（公允市價）計量可以較好地為信息需求者服務。EFRAG同時也指出在溫室氣體排放企業，上述兩種模式可能同時存在，那麼需要以恰當的證據來證明其模式和應用的會計方法，並需要提供會計事項的充分披露。

第三，免費配額以公允價值初始計量並確認遞延收益。EFRAG反對免費分配排放權以零計量的傳統做法。首先，總量控制與交易機制的最終目標是要在生產過程中體現污染的外部成本，以引起減少碳排放量的動機。企業必須為使用環境容量資源而付出代價，而這種資源在排放交易計劃採用之前是免費的，不確認由於參與該計劃而引起的這些權利與義務似乎遺漏了相關信息。其

次，EFRAG 認為，應根據企業實際碳排放量來計量負債，因為排放行為是現實的責任義務事件。最后，企業如果決定出售免費額度，那麼以零確認免費配額會引起不適當的額外利潤，從而對會計信息的相關性、可比性造成不利影響。因此，EFRAG 認為，企業應以公允價值初始計量免費配額。由此產生另一個問題，即如何確認與配額資產對應的貸方科目。IASB 在過去已經討論了關於參與排放交易計劃是否引起負債的問題。通常認為，在法律意義上企業只有排放二氧化碳后才有減除或交付相應排放配額的責任或義務，因為在排放行為發生前，主體可以通過未來行動（如關停）來改變該義務的履行，而一旦排放發生，則主體必須要為排放行為支付相應的配額而不論主體未來的行動如何。EFRAG 認為，僅僅參與排放交易計劃就其本身而言不會引起將那些額度返還給國家的義務，免費配額應被看成對溫室氣體排放企業在服從規則體系期間產生費用的補償，是一種非貨幣形式的政府補貼，因此可以將貸方記為遞延收益。

第四，生產模式下排放權資產與負債的后續計量。EFRAG 詳細討論了生產模式下排放權資產與負債的后續計量方法，並給出了相應的例證。其主要做法是：所有排放權（免費配額與購買的排放權）應該以成本減去減值來記錄（免費配額的推定成本是其初始公允價值）；遞延收益的釋放應該作為負生產成本進行確認；負債應該根據本年度預期的加權平均成本進行計量；當上交排放權時，企業應該終止確認負債與上交的排放權。EFRAG 認為，本年度預期的加權平均成本應該考慮為獲取排放權而產生的所有成本，並用這個成本來計量負債。原因是這將使負債與生產成本部分都得到恰當的表現，而選擇其他方法，如先進先出法或后進先出法用於排放權的計量是不太合適的，因為排放權是可替代的並且只有當排放權被返還時才被消耗，而只有加權平均法能保證生產成本的一致性，此時相同的成本將施加於所有產品。加權平均成本應該是生產性排放權（免費的與購買的）的帳面價值的平均值。若存在預期差量，即預計總消耗量與目前以生產目的而持有的排放權數量之間的差量部分，則加權平均成本還應考慮預期差量對應期貨合同的購買價格或報告日當天的現行市價。圖 2-2 給出了 EFRAG 有關碳排放權會計新方法關鍵步驟的圖解。

第五，對 IASB 重啓排放交易計劃研究項目的建議。EFRAG 指出，歐盟排放交易計劃的範圍已經擴大（在影響行業與排放類型兩方面都有所擴展），全球其他相似計劃正在發展完善。歐盟排放交易計劃第三階段更加嚴格的目標有可能抬高排放權價格和增強對企業財務報告的實質性影響。基於此，EFRAG 認為，IASB 應該迅速推進相關指導的發展完善。EFRAG 還認為，IFRIC 3 的

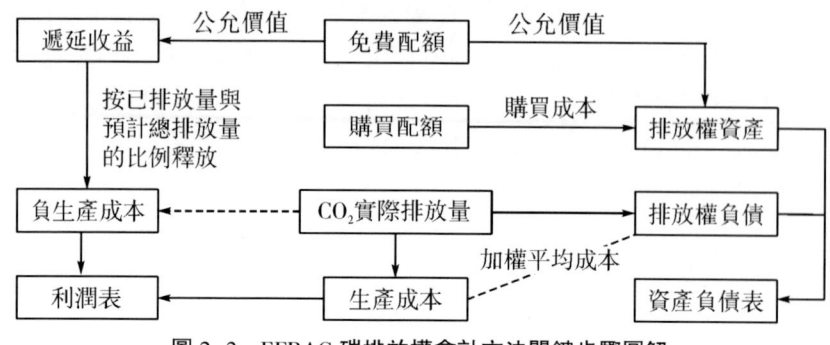

圖 2-2　EFRAG 碳排放權會計方法關鍵步驟圖解

撤回以及隨后存在分歧的會計實務可能說明排放交易計劃擁有現行準則不能簡單容納的特殊性質，在現有的國際財務報告準則範圍內發展解釋未必會產生令人滿意的會計模式，因而需要開發專門的標準和規範指導排放權交易的會計處理。EFRAG 指出，若 IASB 重啓關於排放交易計劃的項目，要考慮以下內容：一是信用與排放基線計劃的會計處理；二是免費配額未來分期交付的確認；三是碳排放權「儲備」與「借用」規則的會計含義或會計影響；四是企業從政府獲得的其他優惠與補貼的會計確認；五是當溫室氣體排放企業是被購買方時，對企業合併會計的影響；六是碳排放權交易的會計披露要求。

2.2.2　國內碳排放會計研究綜述

中國的碳排放權交易市場發展起步較晚，但無論在政策層面還是實踐層面，目前都具備良好的發展基礎和廣闊的發展前景（劉承智、潘愛玲、劉琛，2013）[1]。與之相適應，國內學者近年來也開始關注和研究碳排放權交易的會計問題：一是對國外碳排放權交易會計的理論規範和實務進展進行介紹評價；二是在國外研究的基礎上，結合中國的現實情況進行經驗借鑑。

周志方、肖序（2010）[2] 對美國、歐盟和日本的排放權交易會計政策做了比較評析，認為中國應在時機成熟時引入公允價值法核算碳排放權。王虎超、夏文賢（2010）[3] 對國外兩種減排機制下的碳排放權資產和負債的確認與計量模式做了歸納評價，認為不同的排放機制應設定統一的會計處理模式。張彩平

---

[1] 劉承智，潘愛玲，劉琛. 推進中國碳排放交易市場發展的對策 [J]. 經濟縱橫，2013 (12)：44-47.
[2] 周志方，肖序. 排污權交易會計國際發展評述及啓示 [J]. 當代財經，2010 (1)：120-128.
[3] 王虎超，夏文賢. 排放權及其交易會計模式研究 [J]. 會計研究，2010 (8)：16-22.

（2011）[①] 分析了國外關於碳排放權資產分類現有模式的缺陷，認為碳排放權的貨幣屬性比商品屬性更能反應碳排放權的本質。王愛國（2012）[②] 探討了國外碳會計發展的趨勢和熱點，根據中國經濟社會發展的特殊性，提出包括碳財務會計、碳成本會計、碳管理會計在內的廣義碳會計觀，認為碳排放權應確認為無形資產和選擇歷史成本計量屬性。苑澤明、李元禎（2013）[③] 總結了國外淨額法和總額法兩種會計方法的利弊，認為應運用無形資產評估的方法解決碳排放權的計量。吳娓（2013）[④] 從碳排放權交易體系的設立目標出發，對國外碳排放權會計處理方法進行例證比較，認為宜採用淨債務法核算碳排放權。劉承智、潘愛玲（2013）[⑤] 評析了歐盟碳排放權交易體系下企業碳排放權的主要計量模式，認為中國應建立公開、透明的碳配額分配和拍賣定價機制，碳排放權應採用公允市價初始計量，后續計量採用成本模式。

以上國內研究，較為全面和中肯地介紹和評價了國外相關會計政策，為中國碳排放權交易會計的實務操作和未來準則制定提供了有益的指導和借鑑。但中國的碳排放權交易才剛剛開始興起，因此國內自主性的研究較少，多為對國外經驗的介紹和借鑑。隨著碳排放權交易在中國的逐漸深入，碳排放權交易會計的研究將得到更多的關注和重視。

2.2.3 國內外研究現狀簡評

總體來看，國內外關於碳排放權交易會計的研究是豐富而有建設性的，尤其是針對碳排放權交易這一新的經濟現象，進行了長時期的討論，不斷有新的觀點和意見出現，為未來正式會計規範的出抬做了大量的前期工作，也體現出各國會計機構、國際會計組織和相關研究人員對碳排放權交易會計領域的重視。截至2013年7月，已有11個國家或地區的會計準則制定機構或國際組織、行業協會發表了對排放權交易會計的意見，如加拿大特許會計師協會（CICA）、澳大利亞財務報告與審計委員會（AFRAC）、國際能源會計論壇（IEAF）、氣候披露標準委員會（CDSB）、國際排放交易協會（IETA）、法國企業運動聯盟（MEDEF）、荷蘭會計準則委員會（DASB）、西班牙會計審計協

[①] 張彩平. 碳排放權初始會計確認問題研究 [J]. 上海立信會計學院學報, 2011 (4): 34~43.
[②] 王愛國. 我的碳會計觀 [J]. 會計研究, 2012 (5): 3-9.
[③] 苑澤明, 李元禎. 總量交易機制下碳排放權確認與計量研究 [J]. 會計研究, 2013 (11): 8-15.
[④] 吳娓. 碳排放權會計處理方法的優選 [J]. 財會月刊, 2013 (5): 23-26.
[⑤] 劉承智, 潘愛玲. 歐盟企業碳排放權計量模式的比較研究及啟示 [J]. 價格理論與實踐, 2013 (10): 94-95.

會（ICAC）等。各研究機構及研究人員普遍認為碳排放權交易會計是亟待解決的一個重要領域，並且同意這一領域明顯需要更進一步的指導與說明。

已有研究和相關成果的特點體現在以下方面：

一是對排放權資產性質的討論在不斷深入。從存貨觀、金融資產觀、無形資產觀到新型資產觀，排放權資產的屬性在不斷地被挖掘和完善。尤其是近期以來的研究，發現了一些碳排放權以前沒有被充分認識或沒有被重視的創新特徵，從而引發了對碳排放權資產性質的重新審視。

二是對排放權資產確認和計量的方法研究在不斷完善。已有研究充分考慮到碳排放權不同的用途模式對會計方法選擇和財務信息需求的重要性，也對不同模式的鑒定提出了可行的操作措施，但還沒有最終形成統一的意見。排放權資產確認和計量的方法還在不斷完善過程當中。

縱觀國內外有關排放權交易會計的研究，其大都忽視了碳排放權交易帶來的企業成本問題。碳排放權交易的經濟實質是環境污染外部性問題帶來的社會成本，通過總量控制和配額交易機制（Cap & Trade）轉化為企業內部成本。當企業排放溫室氣體不再免費，首先表現為對成本的影響（Lund, 2007)[①]。因此，碳排放權交易衍生的會計問題本質上是一個成本問題。從理論上分析，由於碳排放與生產經營直接相關，碳排放而消耗的碳配額成本應歸集分配到生產經營成本中，作為產品或服務成本的一部分，形成完整的產品及服務成本概念。目前國內外已有的研究尚未關注和重視這個問題，在國外製造企業的實務中，碳配額都採用期間費用化的處理方式，未能有效計入產品成本。在國外，雖然豪普特和艾斯美爾（Haupt & Ismer, 2011)[②] 等提出了碳配額應計入生產成本的觀點，法國會計準則委員會（ANC, 2012）和歐盟財務報告諮詢組（EFRAG, 2013）也在最新的碳排放會計建議書和評論草案中，分別指出碳配額應計入生產成本，但都沒有對此做進一步的系統研究。本書主要著眼於碳配額「外部環境成本內部化」的特徵，展開其「期間費用化」或「生產成本化」討論，並根據碳配額「生產成本化」的觀點，探討製造企業產品碳配額核算的具體程序和方法。

[①] Lund P. Impacts of EU Carbon Emission Trade Directive on Energy-intensive Industries-Indicative Micre-economic Analyses [J]. Ecological Economics, 2007, 63 (4): 799-806.

[②] Haupt M, Ismer R. Emissions Trading Schemes under IFRS: Towards a「True and Fair View」Carbon Pricing for Low-carbon Investment Project [J]. Accounting In Europe, 2011, 10 (1): 71-97.

3 成本核算導向的碳配額確認與計量

製造企業產品碳配額成本的分配金額取決於碳配額資產和負債的正確計量。本章主要研究成本核算導向下的碳配額資產和負債的計量問題。

3.1 碳配額資產的確認和計量

在碳排放權交易體系的現有機制下,管理者通過免費分配或拍賣等方式向參與者分配碳配額以及提供相應的交易平臺使碳配額可以作為商品在市場中自由買賣。作為市場的參與者,企業只要遵循體系規則,就可以獲得相應的碳配額和自由買賣的權利。這種權利必須在財務報表中有所反應,從而涉及碳配額資產的確認和計量方法的選擇問題。

3.1.1 碳配額資產的初始確認和計量

總量控制和交易機制下企業購買或分配獲得的排放配額,在大多數國家和地區的會計實務中都被列為無形資產(Lovell 等,2010)。若碳配額是通過購買獲得的,那麼無論是在市場上購買還是通過拍賣機制獲得,都應按實際購買價格確認成本;若排放配額是通過政府免費分配獲得的,那麼對應的會計處理方法在實踐中則存在較大爭議。在碳排放權交易體系建立的初期,參與企業持有的大部分配額都是通過政府免費分配獲得的,因此本書以下重點討論免費配額的初始確認與計量方法。[1] 儘管免費分配的碳配額擁有毋庸置疑的經濟價

---

[1] 深圳是中國第一個實質性開展碳排放權線上交易的地區,根據《深圳市碳排放權交易暫行辦法》的規定,在開展碳排放權交易的初期,有不低於3%的配額採取拍賣方式出售,同時預留2%的配額用於價格平抑和新進企業儲備,因此有近95%的配額是免費分配給參與企業的。

值，但其實際成本卻為零。因此，免費分配的碳配額的初始確認和計量，對應兩種主要的會計方法：負債淨額法和政府補助法。目前國外的會計實務中，企業可以在負債淨額法和政府補助法兩種方法中進行選擇（Fornaro 等，2009①；Wilkinson-Riddl, 2008②；Rogler 等, 2009；PwC, 2008③）。

3.1.1.1 負債淨額法下以零成本計量

採用這種方法，分配的免費配額以零成本確認為無形資產的帳面價值。這既符合國際財務報告準則下資產確認與計量的一般規定，又考慮了免費配額的購置成本為零這一特點。事實上，免費配額以零成本計量這種做法目前被國外碳排放權交易體系下的大多數參與者採用。

3.1.1.2 政府補助法下按公允價值確認和計量

分配的免費配額初始以公允價值計量是 IFRIC 3 要求執行的會計處理方法，儘管免費配額沒有購置成本，但以公允價值計量可以保證分配額度的經濟價值被正確地反應。公允價值確認也在一定程度上解決了負債淨額法下排放配額會計處理的不一致問題（企業購買的碳配額要在資產負債表上確認和計量，而分配的配額卻不需要，造成了會計處理的不一致），使同類資產以同樣的方式進行會計處理。儘管負債淨額法是主流的會計政策，但在西方國家也有為數不少的企業認為，免費分配的碳配額符合 IAS 20 政府補助的界定標準。因為在總量控制和交易機制下這些碳配額是有價值的，是對企業服從碳排放權交易體系規則的回報，所以企業獲得的免費碳配額要以公允價值進行確認和計量，同時也要進行政府補助額度的確認和計量。

3.1.2 碳配額資產的后續計量

由於排放配額主要被歸為無形資產，根據 IAS 38 的要求，不管碳配額先前是以成本還是以公允價值進行初始確認和計量，都應按照成本模式或重估模式進行后續計量。這兩種模式的主要特徵是：成本模式使用資產初始帳面價值作為最大帳面價值的上限，而重估模式應保證排放配額公允價值的反應。不管排放配額是以零成本還是以公允價值進行初始確認，這兩種后續計量的會計處理方法都是可行的。

---

① Fornaro J, Winkelman K, Glodstein D. Accounting for Emission: Emerging Issues and the Need for Global Accounting Standards [J]. Journal of Accountancy, 2009, 208 (1): 40-47.

② Wilkinson-Riddl G. International GAAP 2008: Generally Accepted Accounting Principles under International Financial Reporting Standards [M]. Weinheim, Wiley, 2008.

③ PwC. The IFRS Manual of Accounting 2009 [M]. London: Croner CCH Group Ltd, 2008.

3.1.2.1 成本模式

在這種模式下，碳配額以成本進行后續計量，即以負債淨額法或政府補助法下的初始價值進行后續計量，碳配額價值的后續增長不需確認，但如果配額價值降低，則採用政府補助法用公允價值計量的企業需調低帳面價值，並將相應的減值損失在損益表中進行反應（IAS 36）。但在歐盟企業的會計實務中，為符合要求而持有的排放配額通常作為一個更大的現金產出單元（CGU）的一部分來進行減值測試。根據 IAS 36 的定義，現金產出單元為最小的、可辨認的資產組，其產生現金流入且該現金流入很大程度上獨立於其他資產和資產組帶來的現金流入。企業碳配額的減值損失經常只在最大現金產出單元的公允價值整體上有所減少時才進行確認和計量，這意味著企業擁有的排放配額即使市值已經跌破帳面價值，也不一定需要調低帳面價值。

3.1.2.2 重估模式

在這種模式下，碳配額要根據公允價值定期進行重估，但前提是確保排放權交易活躍市場的存在。根據 IAS 38 的要求，如果碳配額的帳面金額因重估價而增加，其增加額應直接借記無形資產帳戶，貸記股東權益中的重估價盈餘帳戶，並在會計報表的其他綜合收益中列報。若該增值是其以前被確認為費用的重估減值的轉回，則應確認為當期收益。如果碳配額的帳面金額因重估價而減少，其減少額應確認為費用，若該減值沒有超過其重估價盈餘帳戶的貸方餘額，則應直接以借記方式衝減相關重估價盈餘帳戶，這時重估損失也應反應在報表的其他綜合收益中。由於排放權交易的活躍市場的存在，碳配額實際上是極少數符合 IAS 38 重估模式應用要求的無形資產類型之一。

3.2 碳配額負債的確認和計量

碳排放權交易體系覆蓋的會計主體，必須在遵循規則的期間根據其二氧化碳排放量相應地減除或交付碳配額，這樣的責任同樣必須在企業財務報表中有所反應。在會計實踐中，這既涉及責任事件確認時間的確定問題，也涉及恰當的計量方法的選擇問題。

3.2.1 碳配額負債的確認

企業關於碳配額負債的確認時間，尤其是當企業獲得免費配額時，通常有兩種不同的政策選擇。

3.2.1.1 在獲得免費分配碳配額時確認

碳排放權交易體系下企業接受免費排放配額時應在確認碳排放權資產的同時確認負債。採用這種方法的理由是：碳配額分配給企業是為使其符合排放權交易體系的要求，參與企業必須履行交付配額以抵消二氧化碳排放量的義務。具體而言，排放權交易計劃下的免費配額，主要是基於企業歷史排放水平分配的。這就可以合理假設收到免費配額的企業會持續經營並且很有可能在生產中產生的二氧化碳排放量大體符合政府分配給企業的排放額度。這也是該方法產生的主要依據。在這種方法下，即時的碳排放將確認生產成本和消耗碳排放權資產，只有碳排放量超出免費分配的碳配額時才確認新增的排放負債。

3.2.1.2 在企業實際排放二氧化碳時確認

在法律上，企業只有在排放二氧化碳后才有減除或交付相應排放配額的責任或義務。根據 IAS 37 對「準備」的描述（只有源自於過去事項的義務可以獨立於主體的未來行動而存在時才可以確認為準備）來解釋，主體只有在實際排放時，才構成一項現時義務。因為在排放行為發生前，主體可以通過未來行動（如關停）來改變該義務的履行，而一旦排放發生，則主體必須要為排放行為支付相應的配額，不論主體未來的行動如何（王虎超、夏文賢，2010）[①]。IFRIC 3 也因此定義企業排放為責任事件，使企業產生責任。國外企業在會計實務中，較多地遵循實際排放二氧化碳時確認負債的方法。在這種方法下，企業獲得免費配額將確認為碳排放權資產和遞延收益，即時的碳排放確認為生產成本和排放負債。

3.2.2 碳配額負債的計量

製造企業產品生產形成碳排放，碳排放則消耗碳配額。但與生產過程中材料物質等存貨的實體消耗不同，企業持有的碳配額在碳排放時並未實際消耗，而是要等待至規定的履行交付義務日上交。因此，碳排放所代表的碳配額消耗是一種名義消耗。這樣即時碳排放所需計算的產品碳配額成本就不能與持有的碳配額資產價值直接發生聯繫，而是取決於碳排放時需確認的碳配額負債價值。根據 IAS 37 的規定，負債的計量應基於對企業承擔責任所支出的費用的最佳估計，最佳估計應是企業在資產負債表日履行該義務合理支付的金額。在實務中，排放負債的計量方法也存在不同的會計政策。

3.2.2.1 根據排放配額的市場價格確定（市價結算法）

IFRIC 3 建議不考慮企業持有的任何排放配額，排放負債全部根據當前排

[①] 王虎超，夏文賢. 排放權及其交易會計模式研究 [J]. 會計研究，2010 (8)：16-22.

放配額的市場價格來計量。市價結算法的最大優勢在於可以提高企業二氧化碳排放成本的完整度和可比性，在會計期間，甚至可以直接根據資產負債表中的排放負債數據來分析比較企業的碳排放強度。但這種方法也存在嚴重的缺陷，如在排放配額的后續計量採用重估模式的情況下，排放配額市價上漲時的公允價值增加不是作為收入確認在損益表中，而是反應在股東權益的其他綜合收益中，而實際排放時的負債會使得成本費用變高，從而導致企業在遵循體系規則期間形成淨虧損。這樣的會計錯配最終導致 IFRIC 3 的撤銷。

3.2.2.2 企業已持有排放配額的帳面結存價值（成本結算法）

成本結算法意味著排放負債首先是根據企業持有的排放配額的帳面價值來進行計量的。對於企業年度購買或免費獲取並以成本進行確認的排放額度，其帳面價值就是排放負債計量的最佳估計值。成本結算法的準確結果取決於企業對排放配額計量採取的會計政策。在負債淨額法下，免費配額最初是以零成本計量的，那麼只有當企業實際排放量超過其持有的排放額度時才需要核算負債，並以當前的市場價格計量。在政府補助法下，二氧化碳排放而必須確認的生產成本應根據排放配額的帳面價值計量。這意味著企業一旦排放二氧化碳就要確認負債，從而產生生產成本，但這些生產成本將因政府補助遞延收益的釋放而抵消。實務中，國外大多數企業採取的會計政策是成本結算法。

3.3 碳配額確認與計量模式的比較

3.3.1 零成本法與公允價值法

在目前各國碳排放權交易體系下，將免費分配的配額確認為零成本是普遍採用的會計政策。本書認為這並不符合會計信息的質量要求。

本書得出這一結論有三個原因：第一，這種方法沒有遵守國際財務報告準則的真實與公允原則，因為它不能如實反應被企業控制的資源，相反它少報了企業持有的資產價值。第二，如果免費配額初始確認為零，那麼它帶來的利益實際上就被隱藏在財務報表中了。只有企業將可能剩餘的配額放在市場上售賣時，免費配額帶來的利益才會被反應，收益的實現就等於賣價。免費配額的福利只有在財務報表中註明，才能讓投資者真正理解得到免費配額的企業與沒有得到免費配額的企業的財務業績的差異，瞭解得到免費配額的企業的真實財務業績。第三，將免費配額確認為零成本的情況下，只有在企業實際的二氧化碳排放量超出免費配額的情況下才需要確認排放負債，這將嚴重影響高碳排放企

業引起的社會、經濟成本的完整性和可理解性。從政策視角來看，零成本法無法滿足對企業碳排放成本如實反應的需要。

從碳排放權交易計劃的成本核算導向目的來看，針對排放權交易計劃合適的會計政策應能完整反應政策工具對企業生產成本的影響。與零成本確認相比較，公允價值確認較好地避免了問題的出現，只要是排放配額都以公允價值進行初始計量，而不論它們是買來的還是被免費分配的，這符合會計一致性的要求。更重要的是，它可以滿足製造企業產品碳配額成本核算的需要，從而提升製造企業產品的完整性和可理解性。

無論是實施碳排放權交易較早的歐盟還是中國，排放權交易計劃已經為二氧化碳排放定價，不管碳配額是由政府分配的還是企業自己購買的。尤其是在歐盟排放權交易計劃第三階段，更加嚴格的目標有可能抬高排放權價格和增強對企業報告的實質性影響。因此，免費配額的初始確認採用公允價值法從政策層面和實踐層面都具有較強的可操作性。

3.3.2 免費碳配額的貸記科目

當免費分配的排放配額資產以公允價值計量后，則需要同時記錄相應的貸方科目。否則，免費配額的公允價值將會被錯誤地確認為即期利潤。這樣的利潤會扭曲並減小企業中期報告的可比性。歐盟目前關於貸方科目的會計政策有兩個選擇：第一，在收到免費配額日確認為排放負債。這主要是基於以下考慮，即排放權交易計劃下的免費配額主要是基於企業歷史排放水平的，完全可以假設收到免費配額的企業會持續經營（即繼續生產）且很有可能在生產中產生的二氧化碳排放量大體上符合政府的分配量。第二，在收到免費配額日確認政府補助作為遞延收益項。這種選擇是 IFRIC 3 提供的會計處理方法，IFRIC 3 認為，分配額度滿足政府補助的定義，因為排放額度的轉移與遵守歐盟排放權交易計劃相關。採用這種方法，從免費配額中得到的利潤必須採用系統的方法進行確認（既可以定期進行，又可以基於企業實際排放的二氧化碳進行）。

表面上兩種選擇都有道理，但它們有本質的不同。在收到免費配額日確認為排放負債的情況下，只有在企業二氧化碳排放量與分配量有偏差時才需要修改負債。因此，碳排放成本只有在企業碳排放量超過免費配額時才會反應在損益表中。相比之下，收到免費配額日確認政府補助作為遞延收益項，既能逐步確認收益，又能在根據企業的實際排放量確認排放負債的同時確認排放成本。這樣一來，構成排放權交易計劃下要求確認相應負債的合約項目就不是分配額

度本身而是企業二氧化碳排放量，顯然后者更為可取。

確認政府補助作為遞延收益的后續確認將使企業收益透明度更高，並能幫助企業說明排放權交易計劃下的規則遵從成本作為生產成本。如果分配額度是在不同分配機制下獲得的，那麼確認排放負債時關注排放量本身而不是分配額度也能避免誤解，因為最終企業都服從於完全相同的碳排放權交易體系的合規性要求。在資產負債表中顯示政府補助也能使人關注到排放額度免費分配具有生產補貼的性質，從而可以有助於指導企業管理當局做出向低碳生產轉變的經營戰略選擇。

在政府補助法下，免費配額分配時貸記的政府補助可以抵消以公允價值計量排放配額資產的影響，隨著時間推移，當企業排放時政府補助逐漸減少確認為收入，同時確認排放負債（生產成本）。這樣通過公允價值對免費分配的排放配額和政府補助進行初始確認以及逐漸減少的政府補助與逐漸增加的排放負債三者間的結合，構建了一種協調一致的排放權交易會計方法。

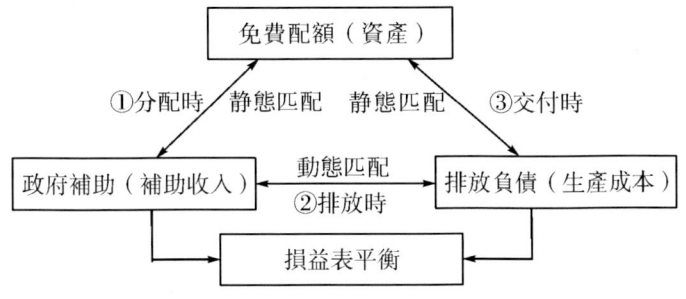

圖 3-1　不考慮配額市價變化的政府補助法的協調一致性

3.3.3　碳配額計量模式對損益的影響

為遵守規定而持有的免費配額以及排放負債的后續計量模式應該盡可能使損益不受影響（Haupt & Ismer，2011）。從理論上分析，只要企業年初免費獲得的排放配額與年度實際碳排放量一致，那麼在年內不論配額的市價如何變化，都不應影響企業當年的損益，因為企業的交付義務恰好被免費獲取的配額抵消。從會計的角度分析，在上述情況下由排放負債引起的碳排放成本增加，恰好被補助收入抵消，從而不會對損益表造成任何影響。但事實上，在現行的會計政策下，排放配額市場價格的波動變化給政府補助法下損益表的平衡性帶來了問題。目前，IAS 38 允許企業對排放配額無形資產的后續計量在成本模式與重估模式之間進行選擇。同時，實務中排放負債的后續計量可以在市價結算

法和成本結算法之間進行選擇。其中，市價結算法是 IFRIC 3 提供的會計處理方法。表 3-1 列示了免費配額與排放負債后續計量在不同的組合模式下對損益表的影響。

表 3-1　免費配額與排放負債後續計量模式對年度損益表的影響

類型	免費配額後續計量	排放負債後續計量	配額市價年內上漲	對年度損益表的影響	配額市價年內下跌	對年度損益表的影響
1	成本模式	成本結算法	補助收入=排放成本	零	補助收入=資產損失+排放成本	零
2	成本模式	市價結算法	補助收入<排放成本	淨虧損	補助收入<資產損失+排放成本	淨虧損
3	重估模式	成本結算法	補助收入<排放成本	淨虧損	補助收入<資產損失+排放成本	淨虧損
4	重估模式	市價結算法	補助收入<排放成本	淨虧損	補助收入=資產損失+排放成本	零

不難發現，在免費配額和排放負債的現有計量模式下要實現年內損益平衡的目標存在著較大困難。首先，年度財務報告的日期（12 月 31 日）與履行交付義務的日期（通常為 4 月 30 日）並不一致。其次，IAS 20 目前並未明確規定政府補助的重估或減低帳面價值的方法，年內確認的補助金收入實際上是免費配額分配時的政府補助成本，不會隨配額市價發生變化。最后，根據 IAS 38 的規定，重估模式下免費配額公允價值的增加直接計入其他綜合收益，不計入損益表。因此，若配額市價年內上漲，表 3-1 概括的第 2 種、第 3 種、第 4 種類型將出現排放成本高於補助收入的情況；若配額市價年內下跌，表 3-1 概括的第 2 種、第 3 種類型將出現資產損失和排放成本高於補助收入的情況。上述情況都將導致年度損益表在排放權項目上的淨虧損。儘管從長期來看該虧損是暫時的，會隨著交付義務的履行而彌補，但事實上造成了利潤在不同會計年度的波動，為人為調節利潤變化留下了空間。從財務報告真實和公允表達的視角分析，這是不恰當的。只有在第 1 種類型（成本模式+成本結算法）下，配額市價年內上漲和下跌都不會影響損益。由此看來，免費配額後續計量的成本模式搭配排放負債的成本結算法在實務中應是相對理想的選擇。值得注意的是，在成本模式下，為避免實務中的麻煩，排放配額常被當成一個更大的現金產出單元的一部分，只有在更大的現金產出單元需要減值時排放配額的減值才會發生，而當排放配額實際價格下降時通常不需要進行會計處理。這種處理方法貌似可以解決問題，但缺陷也十分明顯。當排放配額實際貶值並體現在現金產出

單元中時，限制排放配額減值會導致企業誇大可替代項目的風險。這樣一來，對會計透明度以及財務報表可比性的需要就得不到滿足。因此，在實務中排放額度一般不應被視為一個更大的現金產出單元的一部分。

以下通過一個實例來具體說明碳排放權交易會計政策下各種處理方法的主要差異：ABC 企業是溫室氣體排放企業且不以出售為目的持有碳排放權。20××年 1 月 1 日，ABC 企業收到免費配額 50 單位，每單位配額的公允市價為 3 元，ABC 企業預計當年碳排放總量為 100 單位。6 月 30 日，ABC 企業實際排放二氧化碳 40 單位，當日每單位配額的公允市價為 4 元。12 月 31 日，ABC 企業經核查后全年排放二氧化碳 110 單位，當日每單位配額的公允市價為 4.5 元。

表 3-2　　碳排放權交易主要會計政策下的帳務處理方法　　單位：元

日期	負債淨額法	IFRIC 3 法（成本模式+市價結算法）	IFRIC 3 法（重估模式+市價結算法）	政府補助法（成本模式+成本結算法）	政府補助法（重估模式+成本結算法）
1月1日		排放配額 150 遞延收益 150	排放配額 150 遞延收益 150	排放配額 150 遞延收益 150	排放配額 150 遞延收益 150
6月30日		生產成本 160 排放負債 160 遞延收益 60 補助收入 60	排放配額 50 其他綜合收益 50 生產成本 160 排放負債 160 遞延收益 60 補助收入 60	生產成本 120 排放負債 120 遞延收益 60 補助收入 60	排放配額 50 其他綜合收益 50 生產成本 160 排放負債 160 遞延收益 60 補助收入 60
12月31日	生產成本 270 排放負債 270	生產成本 335 排放負債 335* 遞延收益 90 補助收入 90	排放配額 25 其他綜合收益 25 生產成本 335 排放負債 335 遞延收益 90 補助收入 90	生產成本 300 排放負債 300** 遞延收益 90 補助收入 90	排放配額 25 其他綜合收益 25 生產成本 335 排放負債 335 遞延收益 90 補助收入 90
對損益表的影響		150-495=-345	150-495=-345	150-420=-270	150-495=-345

* 335=110×4.5-160；** 300=(50×3+60×4.5)-120，在排放負債採用成本結算法下，當企業持有的排放配額有缺口，缺口部分的負債應當以彌補差量所需配額的市價進行確認和計量（Marius Deac, 2013）

不難發現，在上例中，ABC 企業全年實際排放的二氧化碳為 110 單位，政府發放的免費配額為 50 單位，截至 12 月 31 日配額的市價為 4.5 元，碳排放權交易對企業年度的損益的影響為淨虧損 270 元（60×4.5）。上述的帳務處理過程中，只有在政府補助法（成本模式+成本結算法）下才較好地反應了這一經濟實質。負債淨額法雖然正確地反應了年度損益，但少報了企業擁有的碳排放權資產的價值，並且如果企業的免費配額有剩餘，那麼售賣免費配額的利益會扭曲企業的當期業績。同時，碳排放在全年發生，但只有下半年的生產成本才體現碳配額成本，顯然有悖成本核算的一般原則。

3.4 碳配額計量中存在的其他問題

通過對碳排放權交易最主要的會計政策的比較分析，我們總結出政府補助法（成本模式+成本結算法）是成本核算目標下，符合 IAS 框架和體現環境氣候政策的針對排放權交易相對較好的處理方法。針對 IFRIC 3 排放配額與負債的不同計量模型會造成會計錯配的缺陷，應限制免費配額後續計量的重估模式和排放負債市價結算法的使用，從而實現政府補助法在會計方法層面的協調一致性，並且更利於製造企業的碳配額成本核算。此外，本書認為在碳配額的計量過程中還有必要深入探討以下問題。

3.4.1 碳配額市價波動對財務報告的影響

3.4.1.1 中國碳排放權交易市場價格波動現狀

深圳碳排放權交易市場於 2013 年 6 月 18 日啟動，深圳是中國最早實質性啟動碳排放權交易的地區。深圳碳排放權交易的參與主體主要包括重點工業企業和大型公共建築物兩類。首批納入深圳碳排放權交易的單位碳排放量在 2010 年達到 3,000 餘萬噸，佔到深圳全市碳排放總量的 38%以上。其中，納入碳排放權交易的重點工業企業有 600 餘家，其工業增加值分別約佔深圳全市企業工業增加值和全市生產總值的 59%和 26%。由圖 3-2 可知，深圳碳排放權交易正式實施以來的價格波動劇烈，從最初的每噸不到 30 元，在短短的 4 個月時間飆升至 130 元，其後又一路下跌，回落到 50 元左右，其後價格一直在約 70~80 元的區間徘徊，給參與企業造成了不小的經營和管理風險。

天津碳排放權交易市場於 2013 年 12 月 26 日啟動。天津將鋼鐵、化工、電力熱力、石化、油氣開採五個行業 2009 年以來年排放二氧化碳 2 萬噸以上的 114 家企業或單位納入初期試點範圍。由圖 3-3 可知，天津碳排放權交易的起始價位是每噸 29 元，在經歷 2 個月的價格低迷期後，價格一路飆升至 2014 年 3 月 18 日的 50.11 元，然後價格又持續回落跌至 30 元左右，之後經過小幅反彈，價格維持在 35 元左右。

北京碳排放權交易市場於 2013 年 11 月 28 日啟動。北京目前參與碳排放權交易的主體主要包括三類：一是重點排放單位，即在北京行政區域內源於固定設施排放的，二氧化碳年直接、間接排放量之和大於 1 萬噸的單位；二是年綜合能耗 2,000 噸標準煤以上的其他報告單位可自願參加；三是符合條件的其

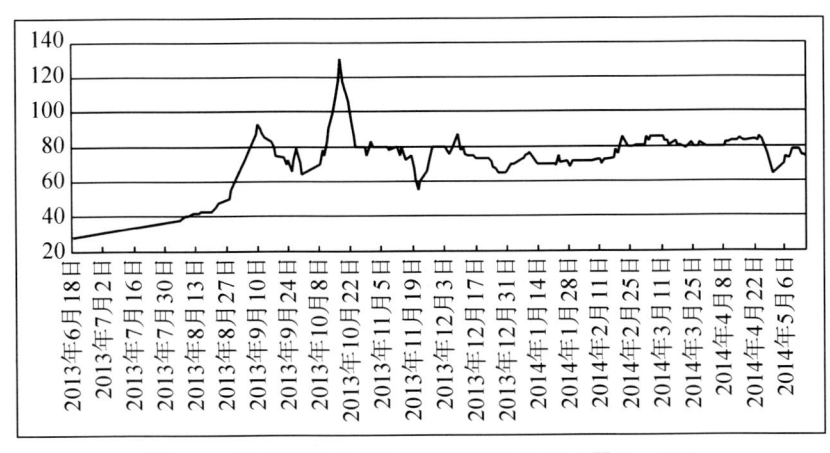

圖 3-2　深圳碳排放權交易價格波動狀況（單位：元）

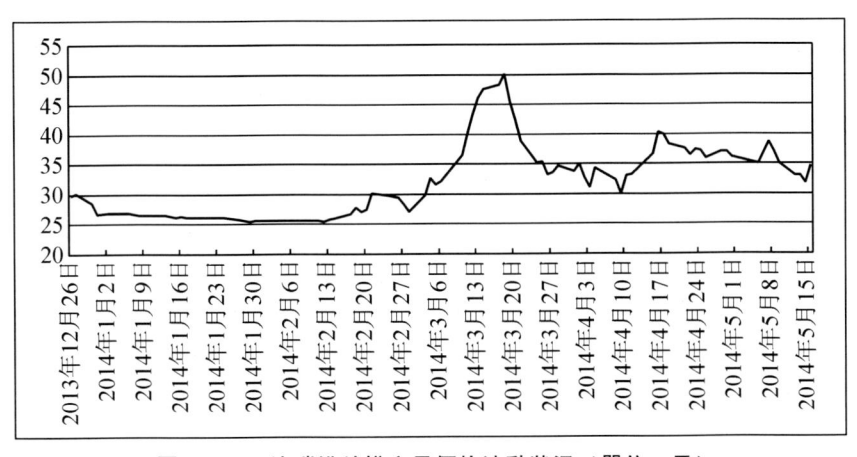

圖 3-3　天津碳排放權交易價格波動狀況（單位：元）

他企業也可參與交易。由圖 3-4 可知，北京碳排放權交易的起始價位是每噸 50 元，其後碳排放權交易的市場價格波動不大，經歷小幅的上漲之後，一直保持在 50~60 元的價格區間內。

從深圳、天津、北京三地試點碳排放權交易以來的價格波動情況來看，主要呈現量少價差大的特點。就成交量而言，中國試點地區碳排放權交易成交量少的現象普遍存在。深圳碳排放權交易市場參與企業年均碳排放總量在 3,000 萬噸以上，而 2013 年下半年碳排放權交易的總成交量僅有 19.73 萬噸，總成交金額僅為 1,315.98 萬元。天津和北京的碳市場交易規模則更小，天津碳排放市場 2013 年 12 月運行以來 5 個月的總成交量僅為 10.5 萬噸，總成交金額

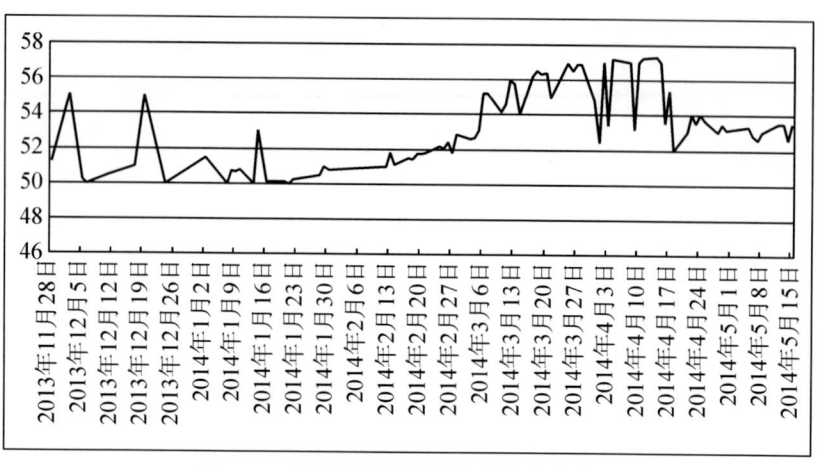

圖 3-4　北京碳排放權交易價格波動狀況

僅為 309.43 萬元；北京碳排放市場 2013 年 11 月運行以來 6 個月的總成交量僅為 7.84 萬噸，總成交金額僅為 420.17 萬元。與試點地區參與碳排放權交易企業的年均碳排放總量相比，碳排放權交易的規模明顯偏小。就交易價格而言，一是試點地區間的價格差異明顯。其中，深圳地區碳排放權交易的均價在 80 元左右，天津地區碳排放權交易的均價在 35 元左右，北京地區碳排放權交易的均價在 55 元左右。二是儘管交易時間不長，但碳排放權的交易價格波動較劇烈。其中，深圳碳排放權交易價格的最高漲幅達到 333%，天津碳排放權交易價格的最高漲幅達到 100%，北京碳排放權交易價格的最高漲幅達到 16%。碳排放權交易價格的大幅波動對中國碳排放權交易市場的平穩運行有著顯著影響。

3.4.1.2　碳排放配額價格波動對財務報告的影響

企業的財務報告是按季度編製並發布的，並且要求如實反應報告主體的資產和負債價值。由於排放配額是按年度進行分配的，其又構成企業的資產。這意味著排放配額要定期進行重估或資產減值測試，如果排放配額的市場價格在不斷波動變化，這種情況極有可能會導致季報的不穩定和成本核算的困難。

例如，當排放配額的市價降低時，必然要降低排放額度的帳面價值。當價格又升上來時，資產減值則需要通過損益進行轉回。由於 IAS 20 不允許對政府補助進行重估，這就意味著排放額度減值的計提的轉回不能通過相應的政府補助的調整來保持平衡。因此，當排放額度的市價再次升高，對先前排放配額減值的轉回將自動導致利潤的確認。這使得利潤（臨時地）對排放配額的市價變化做出反應，當企業所需排放額度都是免費分配得來時這種反應更為明

顯。雖然這種影響隨著政府補助逐漸消失會被排放負債所取代，但企業利潤暫時性的歪曲反應還是顯得很不理想。為解決這個問題，政府補助的帳面價值或者可以被允許隨著排放額度市價的波動而波動，以中和或平衡對利潤的影響。但這種處理方式應該局限於排放權交易計劃下的排放配額這種特別情況下。

3.4.2 碳配額負債成本結算法的改進

根據政府補助法下成本結算法的要求，如果企業持有足夠的排放配額來履行配額交付義務，排放負債則應根據排放配額的帳面價值進行確認；如果企業持有的排放配額有缺口，缺口部分的負債應當以彌補差量所需配額的市價進行確認和計量。這種處理方法類似於存貨發出計價的先進先出法。這種方法的優勢在於容易理解也便於核算，但卻不能保證產品生產成本的一致性。生產過程中的碳排放（代表碳配額的消耗）與存貨的消耗完全不同，存貨的消耗是一種實體消耗，計入生產成本的價值應以消耗當期實體的價值為準，而碳配額只有在交付時才被實際消耗。從這個意義上講，計入生產成本的碳配額價值應以履行交付義務時加權平均的碳配額成本來計量。只有這樣，才能大體上保證各期生產成本的一致性，使相同的成本將施加於所有產品。為解決這一問題，需要引入「預期加權平均成本」的概念，即預計碳排放總量與目前持有的排放配額數量存在預期差量的情況下，碳配額加權平均成本應考慮預期差量對應碳排放權期貨合同的購買價格或報告日當天的現行市價。在前面所舉的例子中，6月30日的預期加權平均成本則應為每單位3.5元〔（50×3+50×4）/100〕，對應生產成本和排放負債應確認的金額為140元（40×3.5）。

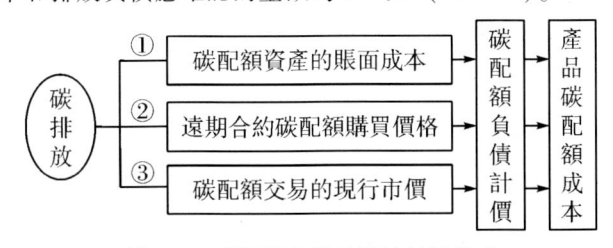

圖 3-5　碳配額負債的傳統計量模式

觀察圖3-5可以發現，目前碳配額負債的計量採用順序選擇的模式：實際碳排放量低於持有碳配額數量的部分，碳配額負債用持有碳配額的帳面成本計量（先進先出法、后進先出法等）；實際碳排放量高於持有碳配額數量的部分，碳配額負債用遠期合約約定的購買價格或碳配額的現行市價計量。這種模式的缺陷是：碳配額負債以不同方式計量，有悖一致性原則；產品碳配額成本

會有三個不同價格，而碳配額只有在交付時才被實際消耗，沒有考慮碳配額的實際消耗價值如何以系統的方式計入各期產品成本。

因此，本書提出如圖3-6所示的解決方案，即先確定年度預期碳排放總量。若持有的碳配額高於預期碳排放總量，碳配額負債根據持有碳配額的帳面加權平均成本計量；若持有的碳配額低於預期碳排放總量，碳配額負債則根據「預期差量」計算「預期加權平均成本」來計量。這樣處理使相同的成本施加於所有產品，保證了各期生產成本的一致性。

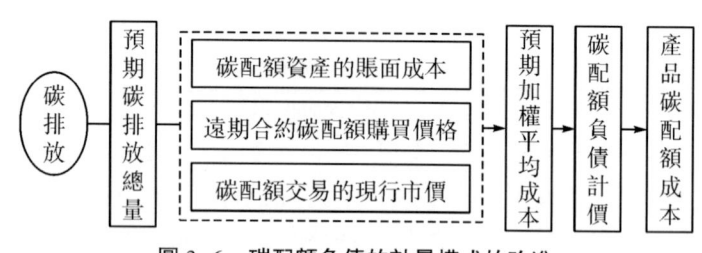

圖3-6　碳配額負債的計量模式的改進

3.4.3　用作投資或投機目的的碳配額計量

為遵守規定而持有的排放配額的計量規定應該盡可能使損益不受影響。相比之下，如果企業持有的排放配額是以交易、投資或投機為目的而不是為了遵守規定，以公允價值計量且變動計入當期損益的做法就比較合適。

儘管排放配額不符合IAS 32對金融工具的定義，但它們對交易者來說起著完全相同的作用。由於缺乏實物形態和流動性很強的碳排放權交易市場的存在，排放額度與金融工具極為相似。持有排放配額若是以交易為目的，這類交易的影回應該及時反應在財務報表中並且應該對總利潤數據有所影響。為交易而持有的排放配額可以與金融工具採用相似的會計方法。因此，本書主張區分以下兩種不同的配額：第一，為遵守規定而持有的排放配額；第二，為交易而持有的排放配額。為交易而持有的排放額度應以公允價值進行計量，公允價值的變動應該計入當期損益。

成本核算導向的碳配額計量方法改進如表3-3所示。

表 3-3　　　　　　　成本核算導向的碳配額計量方法改進

對象	內容	目前的處理方法	可能的改進
排放配額	初始計量	零成本法（免費配額）公允價值法	一律採用公允價值計量
	後續計量	成本模式 重估模式	一律採用成本模式
排放負債	初始確認	免費配額分配日確認 實際碳排放時確認	在實際碳排放時確認
	初始和後續計量	成本結算法 市價結算法	一律採用成本結算法
政府補貼	初始確認和計量	只有免費配額以公允價值計量時才確認	一律採用公允價值計量
	後續計量	只有減值和前期減值的轉回	允許公允價值的重估

　　為提高兩種目的下排放配額的實務可操作性，可以設定以下規則：不運行排放二氧化碳的設備的企業將理所應當地被認為是以交易為目的而持有配額；相反，運行排放二氧化碳的設備的企業可被認為是以遵守規定為目的而持有配額，除非單獨指明所有或某部分配額是用來交易的。

　　綜上所述，本章關於成本核算導向目標下碳配額計量問題的改進目標主要包括所有碳排放權（免費配額與購買的排放權）應該以公允價值法進行初始確認與計量，后續計量採用成本模式，即通過成本減去減值進行記錄（免費配額的推定成本是它的初始公允價值）；政府補貼（遞延收益）應當按已排放量與預計總排放量的比例合理釋放並確認補貼收入；各期確認的生產成本和排放負債應該根據年度預期的加權平均成本進行計量；上交排放權時，企業應該終止確認排放負債與持有的碳排放權資產。

4 碳排放量核算和成本核算的關聯與協調

產品碳配額成本的分配依據是合理測算的碳排放量。本章分析總結了企業層面碳排放量核算的標準體系和方法，然後結合製造企業成本核算的需要，提出製造企業的碳排放源應與成本計算對象相關聯，碳排放量核算週期應與成本計算期協調一致。

4.1 碳排放量核算的標準與方法

4.1.1 企業碳排放量核算標準

國務院《「十二五」控制溫室氣體排放工作方案》提出，為應對氣候變化，中國的政策體系、體制機制將進一步完善，基本建立溫室氣體排放統計核算體系。溫室氣體核算體系包括對二氧化碳在內的6種溫室氣體進行測量和報告，並統一轉化為碳當量表示，因此也稱為碳排放量核算體系。溫室氣體核算體系是核算某個對象在一定時期內碳排放量或碳減排量的一系列標準、方法和程序的體系。碳排放量核算有宏觀、中觀和微觀之分，不同的層面要建立不同的核算體系。例如，宏觀層面針對國家或地區的碳排放量核算，中觀層面針對企業的碳排放量核算，微觀層面針對產品的碳排放量核算。相比較而言，企業碳排放量核算工作是目前相對較薄弱的領域，也是實施企業產品碳配額成本核算的分配標準，應加快企業碳排放量核算體系的建設，推動中國碳減排體制機制的不斷完善。

4.1.1.1 國外企業碳排放量核算標準

20世紀90年代初，環境及生態領域的相關學者和專家採用物質流的分析

手段就全球範圍的碳存量和流量進行核算，其實質就是碳實物量的核算①。進入 21 世紀以來，許多關注環境氣候變化的國際組織和西方國家的政府機構發布了各自的碳排放量核算體系標準，如國際標準化組織（ISO）、世界資源研究所（WRI）、世界可持續發展工商理事會（WBCSD）、英國標準協會（BSI）等。這些體系標準一般都經過了大量的前期調研和實踐檢驗，較為系統和規範，並且在內容上涵蓋了地區、企業、產品等各個層面。企業層面的碳排放量核算體系主要是由相關國際機構或組織制定的。目前較具代表性且被廣泛使用的兩個標準體系，一是 ISO 14064 標準體系，二是《溫室氣體核算議定書》（GHG protocol）體系。前者是由國際標準化組織（ISO）制定，后者是由世界資源研究所（WRI）制定。許多西方國家都利用這兩套標準體系來制定自己的國家標準。其中，《溫室氣體核算議定書》在歐盟和美國使用比較普遍，比如美國的《溫室氣體報告通用議定書》就是利用《溫室氣體核算議定書》編寫發布的，目前已被北美的企業廣泛使用；而 ISO 14064 標準體系目前也已被近 30 個國家轉化為國家標準。

以《溫室氣體核算議定書》體系為例，該體系提供幾乎所有的溫室氣體度量標準和項目的計算框架，其內容主要包括兩部分：一是《溫室氣體議定書企業核算與報告準則》，這是一份有著詳細操作步驟的核算準則，可以幫助企業細緻地測量報告二氧化碳的排放總量；二是《溫室氣體議定書項目量化準則》，這是一份幫助企業針對碳排放源或排放單元在各個環節實施減排計劃的操作指南。《溫室氣體核算議定書》體系的標準範圍涉及《京都議定書》規定的六種溫室氣體的核算與報告，內容包括溫室氣體核算和報告的原則、溫室氣體清單編製目標及設計、組織邊界和營運邊界設定、長期排放量跟蹤、溫室氣體排放量識別與計算、溫室氣體排放量核算等，從而幫助企業用標準化的方法和原則，編製可靠並公平反應其溫室氣體排放的報告，也提高了不同企業溫室氣體核算與報告的一致性和透明度。在中國，企業碳排放量核算的方法、標準等尚未與國際接軌，而且由於中國經濟發展的地域性差異，碳排放的歷史數據、碳排放因子的選取等相對比較困難。② 因此，我們應積極借鑒國際碳排放量核算的體系標準，在碳排放核算與報告原則、清單編製目標與設計、組織邊界和營運邊界設定、碳排放源識別、管理碳排放清單等方面盡量做到與國際接軌。在此基礎上，結合中國實際情況加大調研力度，廣泛徵求意見，制定和完

---

① 肖序，熊菲，周志方. 流程製造企業碳排放成本核算研究 [J]. 中國人口·資源與環境，2013（5）：89-95.
② 莊智. 國外碳排放核算標準現狀與分析 [J]. 粉煤灰，2011（4）：42-45.

善適合中國國情的碳排放量核算體系。

4.1.1.2 國內企業碳排放量核算標準

完善中國的碳排放量核算體系，將極大增加企業減排的動力和壓力。企業不僅在減排工作中有了客觀標準和依據，減排做出實際成效後還可以通過碳交易市場獲利，同時有助於中國減排目標的細化落實。可以說，只有健全中國的碳排放量核算體系，才有可能真正地推進碳減排目標的實現。中國已經建設的碳排放量核算體系大體可分為區域性企業碳排放量核算體系和行業性企業碳排放量核算體系兩類。

區域性企業碳排放量核算體系是各省、市等地方發展與改革部門結合本地實際情況制定和發布的，指導本轄區範圍內企業實施碳排放量核算的標準或指南。目前，中國已有的區域性企業碳排放量核算體系主要有《北京市企業（單位）二氧化碳排放核算和報告指南》（2013）、《上海市溫室氣體排放核算與報告指南（試行）》（2013）、《湖北省碳排放監測和報告指南》（2013）、《廣東省企業（單位）二氧化碳排放信息報告指南（試行）》（2014）、《重慶市工業企業碳排放核算和報告指南（試行）》（2014）等。以上區域性的企業碳排放核算體系指南一般包括企業碳排放核算的適用範圍、規範性引用文件、術語和定義、不同企業二氧化碳的計算方法、排放因子參考值、數據監測與質量管理、監測計劃、二氧化碳排放報告的內容、格式要求等內容。但企業在實際開展二氧化碳排放量核算工作時，應優先選用具體的行業性碳排放量核算體系進行核算和報告。

行業性企業碳排放量核算體系是國家發改委及各行業主管部門結合本行業特點制定和發布的、指導本行業範圍內企業實施碳排放量核算的標準或指南。2013年，國家發改委為有效落實《國民經濟和社會發展第十二個五年規劃綱要》提出了建立完善溫室氣體統計核算制度，實行重點企業直接報送溫室氣體排放數據制度的工作任務。國家發改委組織制定了第一批10個重點行業企業的溫室氣體排放核算方法與報告指南。具體包括《中國發電企業溫室氣體排放核算方法與報告指南（試行）》《中國電網企業溫室氣體排放核算方法與報告指南（試行）》《中國鋼鐵生產企業溫室氣體排放核算方法與報告指南（試行）》《中國化工生產企業溫室氣體排放核算方法與報告指南（試行）》《中國電解鋁生產企業溫室氣體排放核算方法與報告指南（試行）》《中國鎂冶煉企業溫室氣體排放核算方法與報告指南（試行）》《中國平板玻璃生產企業溫室氣體排放核算方法與報告指南（試行）》《中國水泥生產企業溫室氣體排放核算方法與報告指南（試行）》《中國陶瓷生產企業溫室氣體排放核算方

法與報告指南（試行）》《中國民航企業溫室氣體排放核算方法與報告指南〈試行〉》。以上行業性的企業碳排放量核算體系指南，針對性和可操作性較強。與區域性的企業碳排放量核算體系相比，其在核算溫室氣體的種類、排放源的識別、排放因子參考值的選取等方面更為詳細和具體。

值得關注的是，中國第一個專門負責碳排放管理術語、統計、監測的專門技術機構全國碳排放管理標準化技術委員會已於 2014 年 7 月成立。其主要負責區域碳排放清單編製方法，企業、項目層面的碳排放核算與報告，低碳產品、碳捕獲與碳儲存等低碳技術與設備，碳中和與碳匯等領域國家標準制定和修訂工作①。這將極大地推動中國碳排放量核算體系的不斷完善。

4.1.2 企業碳排放量核算的方法

不同行業企業碳排放量核算的方法因生產組織的形式和工藝特點不同而不同，本書主要以水泥製造行業為例分析說明企業碳排放量核算的具體方法。水泥製造是典型的高排放、高能耗和高污染行業，1999 年，全球十大水泥公司發起了水泥行業可持續倡議行動，聯合世界可持續發展工商理事會（WBCSD）解決水泥行業的二氧化碳排放問題。2011 年，世界水泥可持續發展倡議行動組織（CSI）推出了一份計算和報告二氧化碳排放的協議《水泥行業二氧化碳減排議定書》。該議定書為計算水泥生產過程中的二氧化碳排放提供了一個體系和方法工具。中國於 2008 年 8 月立項建設水泥製造企業二氧化碳排放量計算方法的國家標準項目。本書以下結合中國的《水泥生產企業二氧化碳排放量計算方法（徵求意見稿）》介紹水泥製造企業二氧化碳排放量核算的基本原則方法。2013 年，國家發改委又發布了《中國水泥生產企業溫室氣體排放核算方法與報告指南（試行）》，對水泥製造企業溫室氣體的種類、排放源的識別、排放因子參考值的選取等方面做出了更為詳細和具體的規定。

水泥製造企業碳排放實物量的核算應遵循相關性、完整性、一致性、透明性和準確性的原則。具體而言，相關性是指保證碳排放量計算清單真實反應水泥製造企業二氧化碳排放的情況，並且滿足企業管理、報告、制訂減排計劃等各項要求。碳排放量的分項計算應清晰表明各工藝過程排放量及相互之間的關係。完整性是指碳排放量的計算應納入所有營運邊界內的二氧化碳排放，包括直接排放和間接排放，對特殊工藝過程和生產情況應給予說明。一致性是指用統一方法進行營運邊界設定、數據收集、數據計算和報告，並對任何相關因素

---

① 顧陽. 全國碳排放標準化技術委員會成立 [N]. 經濟日報，2014-07-18.

的變化給予說明。間接二氧化碳排放量的計算與對應的直接二氧化碳排放量的計算相一致。透明性是指應具備明確的數據收集方法和計算過程，並對數據來源及計算方法給予說明。同時，計算數據應與其他統計報告相吻合。準確性是指對水泥製造企業及相關生產和管理活動產生的二氧化碳進行準確的計算，盡量減少各種誤差和不確定性。

水泥製造企業二氧化碳排放量的計算應基於生產企業的各實際統計數據，以月平均或年平均的實際消耗和產出的加權平均值為基準。如缺少日常生產數據，可採用標定檢測數據和默認值。折算的單位標準煤燃燒和單位電力消耗的二氧化碳排放因子按國家統一規定取值。利用各種燃料，均認為是完全燃燒，即有機碳組分全部轉化為二氧化碳。若利用的替代燃料為生物質能，即可燃燒的有機生物質，產生的二氧化碳排放被認為是無氣候影響，不計入二氧化碳排放量。除應計算外購電力和外購水泥熟料產生的間接二氧化碳排放外，還應盡可能計算企業租用社會車輛進行運輸等產生的其他間接二氧化碳排放。依據營運邊界計算各生產工藝過程二氧化碳排放時，可不考慮熟料煅燒工藝過程的餘熱在其他生產工藝過程中的分配應用。

水泥製造企業各生產環節碳排放量的具體計算如下[①]：

第一，生料中碳酸鹽礦物分解產生的二氧化碳排放量。

若生料中實際的氧化鈣和氧化鎂含量小於1%，可按熟料中氧化鈣、氧化鎂的含量進行計算。生產單位熟料由生料中碳酸鹽礦物分解產生的二氧化碳排放量按下式計算：

$$R_1 = (C_o \cdot \frac{44}{56} + C_m \cdot \frac{44}{40}) \cdot 1,000 \tag{1}$$

式中，R_1是生產單位熟料由生料中碳酸鹽礦物分解產生的二氧化碳排放量，單位為千克二氧化碳每噸熟料（$kgCO_2/t$）；C_o是水泥熟料中氧化鈣的含量；C_m是水泥熟料中氧化鎂的含量。

若生料中實際的氧化鈣和氧化鎂含量超過1%，如採用電石渣、鋼渣等替代原料進行配料，應按生料中實際碳酸鹽礦物含量計算。生產單位熟料由生料中碳酸鹽礦物分解產生的二氧化碳按下式計算：

$$R_2 = R_c \cdot \frac{1,000}{(1-L) \cdot F_e} \tag{2}$$

式中，R_2是生產單位熟料由生料中碳酸鹽礦物分解產生的二氧化碳排放

[①] 中國國家標準化管理委員會. 水泥生產企業二氧化碳排放量計算方法（徵求意見稿）[S]. 2010.

量,單位為千克二氧化碳每噸熟料(kgCO$_2$/t);R_c是水泥生料中二氧化碳含量;L是生料燒失量;F_e是熟料中燃煤灰分摻入量換算因子,取值為1.04。

第二,生料中有機碳燃燒產生的二氧化碳排放量。

生料中有機碳燃燒產生的二氧化碳排放量按下式計算:

$$P_{ro} = 5,680 \cdot R_o \tag{3}$$

式中,P_{ro}是生料中有機碳燃燒產生的二氧化碳排放量,單位為千克二氧化碳每噸熟料(kgCO$_2$/t);R_o是生料中有機碳含量,約為0.1%~0.3%(干基)。生料採用粉煤灰或煤矸石等配料時取高值,未採用粉煤灰或煤矸石等配料時取低值。

第三,各生產工藝過程實物煤燃燒產生的二氧化碳排放量。

各生產工藝過程實物煤燃燒產生的二氧化碳排放量按下式計算:

$$\sum P_{ci} = \sum C_i \cdot Q_{nci} \cdot F_{ci}/29.271 \tag{4}$$

式中,P_{ci}是統計期內各生產工藝過程中實物煤燃燒產生的排放量,單位為噸(t);C_i是統計期內的實物煤用量,單位為噸(t);Q_{nci}是實物煤的加權平均低位發熱量,單位為兆焦/每千克(可依據《煤的發熱量測定方法》對實物煤的低位發熱量進行測定);F_{ci}是實物煤燃燒產生的二氧化碳排放因子,單位為千克二氧化碳每千克標準煤(排放因子數值由國家統一規定確定,可暫用2.46千克二氧化碳每千克標準煤為默認值);i表示各生產工藝過程或不同種類的燃料,可取代號為1、2、3等。

第四,各生產工藝過程替代燃料燃燒產生的二氧化碳排放量。

各生產工藝過程替代燃料燃燒產生的二氧化碳排放量按下式計算:

$$\sum P_{ai} = \sum A_i \cdot Q_{nai} \cdot F_{ai} \tag{5}$$

式中,P_{ai}是統計期內各生產工藝過程替代燃料燃燒產生的二氧化碳排放量,單位為噸(t);A_i是統計期內,各種替代燃料用量,單位為噸(t);Q_{nai}是各種替代燃料的加權平均低位發熱量,單位為兆焦/每千克(可依據《煤的發熱量測定方法》對實物煤的低位發熱量進行測定);F_{ai}是替代燃料燃燒的二氧化碳排放因子,單位為噸(t);i表示各生產工藝過程或不同種類的燃料,可取代號為1、2、3等。

第五,各生產工藝過程燃油消耗產生的二氧化碳排放量。

各生產工藝過程燃油消耗產生的二氧化碳排放量按下式計算:

$$\sum P_{oi} = \sum O_i \cdot Q_{noi} \cdot F_{oi} \tag{6}$$

式中,P_{oi}是統計期內各生產工藝過程燃油消耗產生的二氧化碳排放量,

單位為噸（t）；A_i是統計期內，各種燃油消耗用量，單位為噸（t）；Q_{noi}是各種燃油的低位發熱量，單位為兆焦/每千克；F_{oi}是替代燃料燃燒的二氧化碳排放因子，單位為噸（t）；i表示各生產工藝過程或不同種類的燃料，可取代號為1、2、3等。

第六，各生產工藝過程電力消耗產生的間接二氧化碳排放量。

各生產工藝過程電力消耗產生的二氧化碳排放量按下式計算：

$$\sum P_{ei} = \sum E_i \cdot F_e \qquad (7)$$

式中，P_{ei}是統計期內各生產工藝過程電力消耗產生的二氧化碳排放量，單位為噸（t）；E_i是統計期內各生產工藝過程的電力消耗量，單位為千瓦·小時（kW·h）；F_e是電力消耗的二氧化碳排放因子，單位為千克二氧化碳每千瓦·小時（kgCO₂/kW·h）（排放因子數值由國家統計規定確定，可暫用0.86千克二氧化碳每千瓦·小時為默認值）；i表示各生產工藝過程，可取代號為1、2、3等。

第七，水泥窯爐餘熱發電產生的二氧化碳減排量。

利用水泥窯爐餘熱發電可產生二氧化碳減排量，二氧化碳減排量按下式計算：

$$E_g = P_g \cdot F_e \qquad (8)$$

式中，E_g是統計期內利用水泥窯爐餘熱發電產生的二氧化碳減排量，單位為噸（t）；P_g是統計期內利用水泥窯爐餘熱的發電量，單位為千瓦·小時（kW·h）。

第八，企業外購水泥熟料產生的間接二氧化碳排放量。

企業外購水泥熟料產生的二氧化碳排放量按下式計算：

$$K = 0.84 \cdot P_k \qquad (9)$$

式中，K是統計期內，企業外購水泥熟料產生的二氧化碳排放量，單位為噸（t）；P_k是統計期內企業外購水泥熟料量，單位為噸（t）。

4.2　碳排放源與成本計算對象的關聯

4.2.1　製造企業的碳排放源和排放單元

在核算製造企業碳排放總量前，企業應首先確定組織邊界，只將邊界內的碳排放源產生的排放量納入核算。碳排放源是指產生碳排放的獨立設備或過

程，如焦爐、干熄爐、加熱爐、造氣爐、蒸發器、煅燒爐、鍋爐等。排放單元由排放源組成，具有獨立計量的物理單元或生產系統，包括裝置、設施、工序、生產線等。

企業碳排放分為直接排放和間接排放。直接排放是指由企業直接擁有或控制的碳排放源產生的排放，主要包括生產企業在產品生產過程中由於原料或中間產物的煅燒分解、分裂等產生的碳排放等。間接排放是指用於企業生產活動的能源或者產品所產生的碳排放。這些能源或產品所產生的溫室氣體排放在企業組織以外，企業不控制其碳排放源，如消耗的外購電力、外購熱力等產生的排放。一般而言，製造企業的碳排放大體包括以下類別：一是固定燃燒。固定設備內部的燃料燃燒，如鍋爐、熔爐、燃燒器、渦輪、加熱器、焚燒爐、引擎和燃燒塔等。二是移動燃燒。運輸工具的燃料燃燒，如汽車、卡車、巴士、火車、飛機、汽船、輪船、駁船、船舶等。三是工藝排放。物理或化學工藝產生的排放，如水泥生產過程中煅燒環節產生的二氧化碳，石化工藝中催化裂化產生的二氧化碳等。

根據中國《國民經濟行業分類代碼》（2002）的規定，中國製造業分為31個大類，不同類型製造業的碳排放源存在明顯的差異。因此，應該針對不同類型製造業生產工藝和二氧化碳排放過程的特點，準確識別其碳排源和排放單元[1]。以煉焦工業、化學原料和化學製品製造業及水泥製造企業為例，其碳排放源示例如表4-1所示。其中，化學原料和化學製品製造業具體的排放單元與排放源識別如圖4-1所示[2]。

---

[1] 化學原料和化學製品製造企業的主要排放單元包括：主體裝置、合成氨裝置、甲醇裝置、利用二氧化碳裝置（如純鹼裝置等）、其他公用及配套工程等。直接排放源主要包括：煤或天然氣等蒸汽重整設備（即合成氣制備設備）、合成氣變換設備、下游利用二氧化碳生產設備（如碳化塔、降膜蒸發器等）、蒸汽鍋爐、電站鍋爐、火炬、自有車輛等。間接排放源主要包括：使用外購電力和熱力的設備。水泥生產企業主要排放單元包括：礦山開採、生料制備、熟料煅燒、餘熱發電、廢物處置、水泥粉磨、包裝及發送、生產辦公及其他等。直接排放源主要包括：生料中碳酸鹽礦物分解、生料中有機碳燃燒、生產工藝過程實物煤燃燒、窯爐啟動點火燃油消耗、生產工藝過程替代燃料消耗、車輛運輸燃油消耗等。間接排放源主要包括：生產工藝過程電力消耗、餘熱發電量（為二氧化碳減排）等。

[2] 天津市發展和改革委員會. 天津市化工行業碳排放核算指南（試行）[EB/OL]. (2013-12-24) [2016-12-20]. http://gk.tj.gov.cn/gkml/000125209/201401/t20140102_12666.shtml.

表 4-1　　　　　　　　　　　　製造企業碳排放源示例

碳排放分類		排放源示例
直接排放	化石燃料燃燒	火炬等安全設施 鍋爐、發電鍋爐、運輸及裝卸機動車輛、燃氣窯等輔助設施
	工業生產過程　化學原料和化學制品製造業	合成氨、甲醇及其下游裝置；造氣爐、合成氣變換塔、碳化塔、煅燒爐等
	水泥製造業	破碎機、烘干機、粉磨機、生產磨、回轉窯、水泥磨、包裝機、冷卻機等
間接排放	外購電力	壓縮機、風機、水泵、空調、照明、辦公設備等
	外購熱力	蒸餾塔、汽提塔、蒸發器、散熱器等

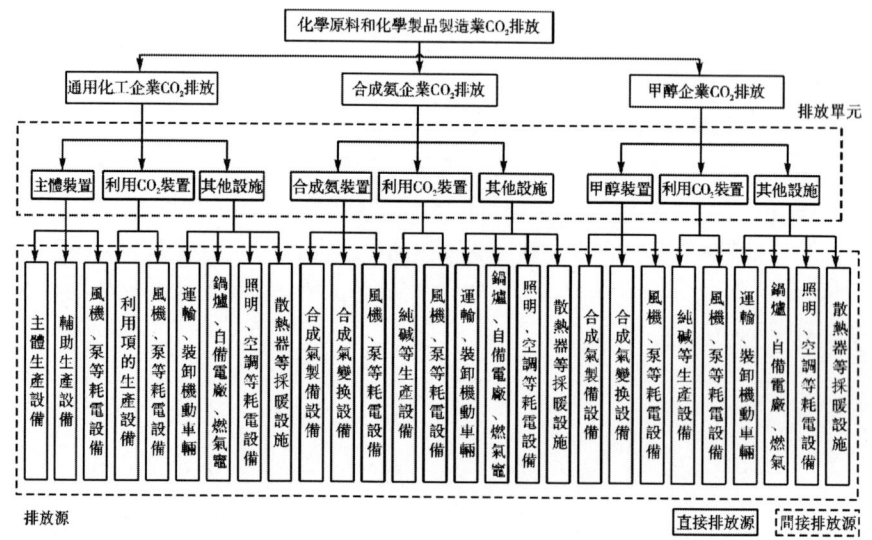

圖 4-1　化學原料和化學製品製造業 CO_2 排放單元和排放源識別

4.2.2　製造企業的成本計算對象及其特點

　　成本計算對象就是製造企業各類具體成本的承擔者。確定成本計算對象是製造企業成本核算的關鍵環節，也是成本核算程序的首要步驟。計算製造企業的產品成本，首先要明確各類成本（包括碳配額成本）的歸屬和承擔者。確定成本計算對象，也是製造企業設置產品成本明細帳、分配生產費用和最終計算產品生產成本的前提。在不同類型的製造企業裡，由於產品生產特點和管理

上的要求不同，成本計算對象的確定也就不同。

例如，某些製造企業的生產主要採用裝配式的單件、成批生產方式。因為產品的生產是按產品的訂單或生產的批別來組織進行的，這就要求在成本計算過程中，根據每份產品訂單或者每個批次的產品來核算其生產成本。此時，成本計算對象就是產品的訂單或批別。而在裝配式的大量生產方式下，產成品是由零部件裝配而成的，要按每一品種的產成品作為成本計算對象。此外，對於可為各種產品所共同使用的自制的「通用件」和「標準件」，往往也作為成本計算對象單獨計算其成本。在連續式的大量大批生產方式下，如果每個加工步驟有自制半成品並需要單獨計算其成本，就要以各個加工步驟的每種產品作為成本計算對象；如果是沒有自制半成品的連續式生產，就以每一品種的產品作為成本計算對象。總之，成本計算對象主要是根據製造企業、車間產品生產的特點和成本管理的要求來確定的，一般有產品的品種、產品的訂單或批別、產品的類別、各個產品的加工步驟等。但一般的大中型製造企業的成本計算對象無論是分步法還是分批法或品種法，最終都是產品成本的承擔者。

4.2.3 碳排放源與成本計算對象的關聯

成本計算對象的設置方式不同，碳排放而發生的碳配額成本歸集到產品生產成本的路徑和方式就不同，因而碳排放源與成本計算對象的關聯方式也不同。所謂碳排放源與成本計算對象的匹配方式，就是碳排放源與成本計算對象產生聯繫的具體形式，大致可以分為直接關聯和間接關聯兩種方式。

碳排放源與成本計算對象的直接關聯是指某碳排放源產生的碳排放直接有助於某一種製造業產品的生產形成，或者某一種產品的生產必須經歷碳排放的工藝過程，因而碳排放源與該產品相關的成本計算對象產生直接的關聯關係。此時，該碳排放源因排放產生的碳配額成本可以直接由直接關聯的成本計算對象來承擔。碳排放源與成本計算對象的間接關聯是指某碳排放源產生的碳排放服務於幾種製造業產品的生產形成，不能直接確定其歸屬對象。因此，該碳排放源因排放產生的碳配額成本應採用簡便、合理的方法由不同的成本計算對象來承擔。所謂分配方法的簡便，是指作為分配標準的資料比較容易取得，並且應盡量採用單一標準，避免採用複合標準。所謂分配方法的合理，是指採用的分配方法、分配標準應同各個成本計算對象負擔的費用成正比例的因果關係。例如，水泥製造企業在粉磨階段分配電力消耗產生的碳配額成本時，以不同標號水泥的生產工時作為分配標準就比較合理，若以水泥的產量等作為分配標準就不合適。

以水泥製造企業為例，從水泥製造生產的全流程來看，水泥製造企業的生

產碳排放涵蓋了從礦石材料開採到水泥終端產品形成的全過程，包括了直接碳排放和間接碳排放。就水泥生產製造的工藝流程而言，其工藝階段可以劃分為原料、輔料及燃料準備，熟料生產階段和水泥產品細分生產三個階段。不同階段的碳排放均包括直接排放和間接排放兩種類型。其中，石灰石、生料、熟料等成本計算對象均為單一產品類型，並且水泥製造生產過程中，石灰石、生料、熟料均為流程連續式生產製造，故碳排放源與成本計算對象間基本上是直接關聯關係；由於水泥終端產品可以細分為不同的類型，故碳排放源與成本計算對象間基本上是間接關聯關係。其具體內容如圖 4-2 所示。

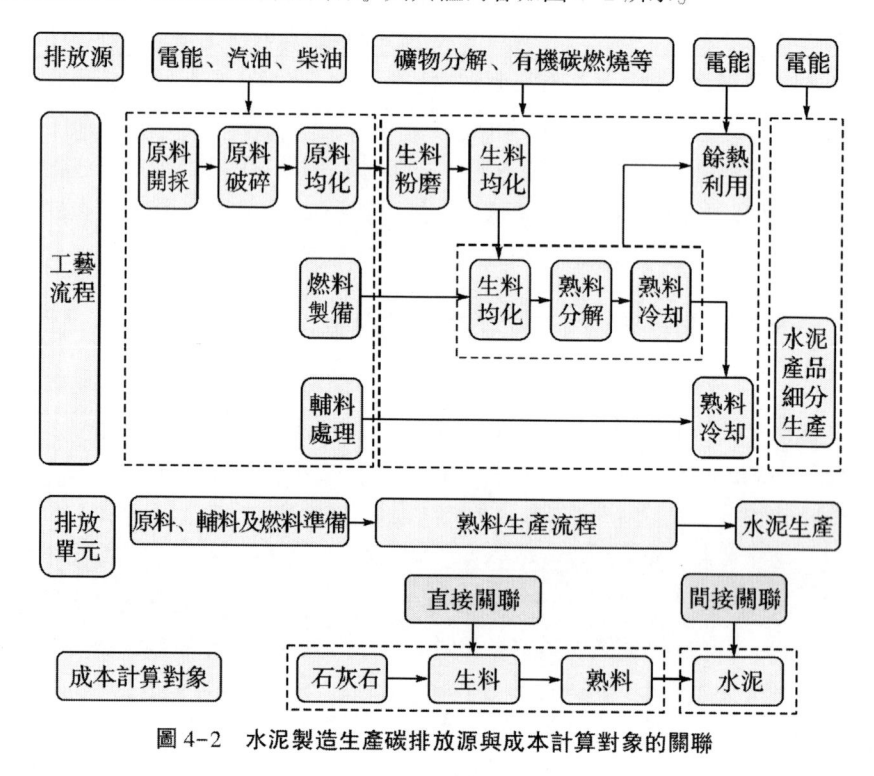

圖 4-2 水泥製造生產碳排放源與成本計算對象的關聯

4.3 碳排放量核算週期與成本計算期的協調

4.3.1 製造企業成本計算期的特點

成本計算對象就是製造企業各類具體成本的承擔者。確定成本計算對象是

製造企業成本核算的關鍵環節，也是成本核算程序的首要步驟。計算製造企業的產品成本，首先要明確需要間隔多長時間計算一次成本，即成本計算期的問題。製造企業產品生產特點不同，使得對產品成本計算的要求不同，從而產品成本計算期也有所區別。例如，在製造企業中，產品一般都為大量、大批的生產，在這種情況下，每月都有一部分產品完工以供銷售，就要求定期按月計算產成品成本。也有些大中型製造企業的個別產品，或小微型製造企業的產品生產，屬於單件或者小批量的不定期生產方式。在這種生產方式下，企業的生產訂單及其各批次產品的生產週期可長可短，沒有固定的週期規律性。此時，通常的做法是等到該生產訂單所生產的產品或某個批次的產品全部完工以後再計算其全部生產成本。因此，一般以產品的生產週期作為其成本計算期。和大量大批的生產企業不同，單件小批生產企業的產品成本計算具有不定期的特點。

總體來說，製造企業的成本計算工作必須經常開展，尤其是各項材料、人工和製造費用必須及時按月進行歸集，講究一定的時效性。不論產品的成本計算是否按月進行，每月都必須在相關成本帳戶中對已發生的材料、人工或製造費用的登記數進行結計，以便隨時考核產品生產成本的發生情況，並使產品的成本計算能及時進行。因此，按月結計或者計算產品的生產成本是製造企業成本計算工作的基本特徵。

4.3.2　碳排放量核算週期與成本計算期的協調

目前，企業層面的碳排放量核算基本上是以季度和年度為核算和報告週期的。國家發改委於2013年發布了10個行業的企業溫室氣體排放核算方法與報告指南，規定了有關企業以年度為週期核算和報告溫室氣體排放情況，並詳細規範了有關報告的具體格式與內容。通常中國企業的溫室氣體排放報告主體包括四個部分，即企業基本情況、溫室氣體排放、活動水平數據及來源說明、排放因子數據及來源說明；包括報告主體二氧化碳排放量報告、報告主體活動水平數據、報告主體排放因子和計算係數三個附表，以上報告及其附表的相關內容都是以年度為單位反應的。

前已述及，製造企業的成本計算期通常以月份為單位組織進行。因此，為滿足企業成本核算和管理的需要，企業碳排放量的核算和報告也應該以月份為單位開展，這就需要在目前以季度或者年度為週期開展的碳排放核算和報告的基礎上進行調整。具體的辦法是調整目前的報告主體年度二氧化碳排放量報告與活動水平數據的核算和報告週期，調整為以月份為單位進行核算和報告。以水泥製造企業為例，調整以后的活動水平數據應按月份進行收集、整理、匯總

和報告，見表4-2；調整以后的二氧化碳排放量報告以月份進行統計和匯總，見表4-3。

表4-2　　　　　　　　　水泥製造企業活動水平數據表

		淨消耗量（t，萬Nm³）		低位發熱量（GJ/t, GJ/Nm³）	
		本月發生	本年累計	本月發生	本年累計
燃料燃燒	無菸煤				
	菸煤				
	褐煤				
	洗精煤				
	其他洗煤				
	其他煤製品				
	焦炭				
	原油				
	燃料油				
	汽油				
	柴油				
	一般煤油				
	液化天然氣				
	液化石油氣				
	焦油				
	粗苯				
	焦爐煤氣				
	高爐煤氣				
	轉爐煤氣				
	其他煤氣				
	天然氣				
	煉廠干氣				
	替代燃料或廢棄物				

表4-2(續)

		淨消耗量 （t，萬 Nm³）		低位發熱量 （GJ/t, GJ/ Nm³）	
		本月發生	本年累計	本月發生	本年累計
工業生產過程		數據		單位	
	熟料產量			t	
	窯頭粉塵重量			t	
	旁路放風粉塵重量			t	
	生產的重量			t	
	生料中非燃料碳含量			%	
淨購入電力、熱力		數據		單位	
	電力淨購入量			MWh	
	熱力淨購入量			GJ	

表4-3　　　　報告主體××年××月二氧化碳排放量報告　　　　單位：t

	本月發生數	本年累計數
企業二氧化碳碳排放總量		
替代燃料和廢棄物中非生物質碳燃燒排放量		
原料碳酸鹽分解排放量		
生料中非燃料碳煅燒排放量		
淨購入使用的電力對應的排放量		
淨購入使用的熱力對應的排放量		

5 產品碳配額成本核算系統設計

在限碳的環境下，製造企業的碳配額成本壓力將越來越大，碳配額成本在生產成本中的比重會越來越高，碳配額成本信息將具有更大的決策相關性，對碳配額成本核算的精細和準確程度的要求也會越來越高。因此，製造企業產品碳配額成本核算要作為一個系統工程來設計，確保核算的準確性。本章從產品碳配額成本核算的組織、信息和控制三個方面進行系統設計。

5.1 產品碳配額成本核算系統設計的意義與原則

5.1.1 產品碳配額成本核算系統設計的意義

製造企業產品碳配額成本核算是在中國推行碳排放權交易制度背景下的一項全新的財務會計工作。碳排放權交易雖然在中國剛剛起步，但涉及面廣、複雜程度高、發展迅速，對製造企業的產品成本構成影響很大。為確保該項工作能夠在製造企業順利實施，需要設計一套科學、合理的成本核算系統。

產品碳配額成本核算系統設計是根據成本核算的理論、原則、方法以及國家對成本核算的相關規定，再結合企業成本核算工作實際，對製造企業產品碳配額成本核算的相關事項的處理辦法以及相關部門和人員的職責進行系統規劃的工作，是新形勢下企業成本核算和管理工作的重要組成部分。其作用和意義主要體現在以下方面：一是有利於貫徹國家的環境政策和法規制度。企業實施產品碳配額成本核算，必須認真體現和貫徹落實國家有關碳排放核算和報告的有關規定，這有利於相關政策和制度在實踐中執行到位。二是有利於在宏觀層面和微觀層面提高經濟管理水平。從宏觀上看，國家在制訂碳排放計劃、出抬相關政策、開展綜合平衡工作時需要高度概括的財務和成本數據資料；從微觀上看，企業應結合自身經營管理和參與碳排放權交易的具體情況，自行設計適用於本企業的核算規定，為成本和財務信息的準確報告提供重要的保證。三是

有利於企業加強成本核算和管理，及時、準確地提供成本核算信息。

產品碳配額成本核算系統設計的對象，就是指產品碳配額成本核算系統設計這項工作的內容。系統設計是為將要進行的碳配額成本核算工作制定出準則和規範。為此，必須針對現實的或即將發生的碳配額成本核算工作可能存在的問題，提出有關問題處理的原則和具體的解決辦法，並以制度或規定的形式固定下來，作為碳配額成本日常核算工作的依據。產品碳配額成本核算系統設計的內容可以概括為以下三個系統的設計：

5.1.1.1 組織系統的設計

在製造企業中，產品碳配額成本的核算工作主要涉及環保、生產、財務等機構和人員。因此，成本核算的組織系統由企業會計、環保以及生產三個部門及其人員共同組成，應協調好組織系統內的各種關係。在設置相關機構時，要明確其職責範圍、管理權限以及承擔的工作任務。配備相關人員時，要確定好人員的分工，規定人員的崗位責任等。

5.1.1.2 信息系統的設計

產品碳配額成本核算是一個以提供產品碳配額成本信息為主要功能的會計信息系統。產品碳配額成本信息系統設計就是規劃提供產品碳配額信息的諸多方面。其包括：一是產品碳配額成本核算載體的設計，主要是確定相關原始憑證、明細報表的種類與格式以及它們之間有機結合的模式。二是成本核算處理程序的設計，主要涉及產品碳配額成本歸集與分配的程序和方法。三是設計科學合理的產品碳配額分析指標體系。

5.1.1.3 控制系統的設計

產品碳配額成本控制系統是按照既定的產品碳配額成本核算目標，對產品碳配額成本核算工作進行管理和制約的一系列控制方法、措施以及程序。針對碳配額成本的核算，應從活動數據採集、碳排放量分配等容易出現錯漏或偏差的方面進行必要的內部控制，以確保產品碳配額成本核算信息的真實性、準確性，同時建立碳配額成本中心進行控制和責任考核。

5.1.2 產品碳配額成本核算系統設計的原則

5.1.2.1 合規性原則

作為企業內部會計和成本核算方面的系統或規章制度的設計，首先要以國家制定的各項會計法律法規為依據。《中華人民共和國會計法》是中國會計工作的基礎性法律，是最高層次的法律規範。《企業會計準則》和《企業會計制度》是企業進行會計工作的指導性規範，是企業會計工作自由度和統一度相

平衡的標準。《企業產品成本核算制度(試行)》[①] 是企業開展成本核算工作的具體的指導性規範，是企業成本核算的標準和指南性文件。因此，產品碳配額成本核算的規程設計首先應遵循上述財經法規層面的要求。產品碳配額成本核算的規程設計同時還應該遵循國家有關企業環境保護和碳排放權交易等方面的財經法規，如企業的活動水平數據報告、二氧化碳排放報告等，必須既能滿足國家有關環境報告報送的要求，又能滿足企業產品碳配額成本核算的要求。

5.1.2.2 科學性原則

產品碳配額成本核算系統的設計要講究科學性。科學性有兩方面的含義：一是要講究整體性，即設計產品碳配額成本核算系統時應從整體上進行考慮，系統內部各構成部分應協調一致。同時，設計出的產品碳配額成本核算系統與其他會計信息的子系統之間應該相互間口徑一致、協調補充，不應存在矛盾衝突，構成一個有機的系統和制度體系。二是要講究合理性，即設計出的產品碳配額成本核算系統既有利於成本核算的工作質量，提倡與決策相關的有用的成本核算信息，又要簡便易行、具有實務中的可操作性，既要符合成本核算的一般理論，又要有利於成本核算的工作實踐。

5.1.2.3 針對性原則

產品碳配額成本核算系統是針對製造企業對其碳配額成本核算活動過程進行管理的總體模型和框架。這就要求一定要從實際出發來進行設計。實踐中，製造企業的設立形式、組織機構、規模大小、經營範圍和經營方式等千差萬別，各具特點。從成本核算的角度來看，不同的製造企業，其產品的類型、產品的生產工藝技術過程、成本核算業務的範圍和性質等差異很大。因此，應針對製造企業的特點，制定符合製造企業成本和會計工作實際的核算系統。

5.1.2.4 特殊性原則

產品碳配額成本核算是一項新業務，是在推進碳排放權交易背景下產生的成本核算工作。碳配額計入產品成本與材料成本、人工成本等的核算不同，還必須遵循有關制度對碳排放實物量核算的要求。因此，在設計核算系統時，還應對碳排放量核算做特殊的原則要求，即應當遵循相關性、完整性、一致性、透明性和準確性的原則。具體而言，相關性是指保證碳排放量計算清單真實反應製造企業二氧化碳排放的情況，並且滿足企業管理、報告、制訂減排計劃等各項要求，要能夠清楚地說明各碳排放源具體排放量。完整性是指企業全部營運邊界內的碳排放，包括各碳排放源的直接排放和間接排放，其碳排放量都要

[①] 中國財政部於2013年8月印發《企業產品成本核算制度(試行)》，並於2014年正式施行。

完整地進行計算統計，對特殊工藝過程中產生的碳排放量還應進行必要的解釋說明。一致性是指對碳排放量的測量應該使用相同的方法，具體包括數據收集、數據計算、數據匯總和報告等環節的碳排放量計算。透明性是指應具有明確的數據收集方法和計算過程，並對數據來源及計算方法給予說明，計算數據應與其他的碳排放統計報告相吻合。準確性是指對製造企業及相關生產和管理活動產生的二氧化碳進行準確的計算，盡量減少各種誤差和不確定性。

5.2 產品碳配額成本核算組織系統設計

在製造企業中，產品碳配額成本的核算工作主要涉及企業環境和成本核算的部門及其相關人員。因此，成本核算的組織系統由企業環境和成本核算等部門及其人員共同組成，應協調好組織系統內的各種關係。在設置相關機構時，要明確其職責範圍、管理權限以及承擔的主要工作任務。配備相關人員時，要確定好人員的分工和崗位責任等。

5.2.1 環境部門設置和碳信息披露

由於環境問題越來越被社會和公眾重視，政府對企業環境問題的監管也越來越嚴格，因此不少的企業，尤其是高排放的企業逐漸開始設置專門的環境管理部門和人員，並通過加強企業內部的環境管理和保護、披露企業的碳排放責任信息，來體現企業的社會責任意識和擔當。在日本的企業當中，大多數企業專門設置了環保機構，配置了專職環保人員進行企業環境管理。2008年日本環境省的企業環境行為調查中，有超過一半的企業設置了環保專門機構，環保機構和環保隊伍為企業的環境管理提供了保障[1]。但是，在中國，專門設置環境保護機構的企業少之又少，企業大多僅配置了專職或兼職的環境管理人員，而沒有專門的機構和組織來負責落實國家、行業或企業內部有關環境管理的要求，同時也沒有及時地披露環境責任信息。企業環境信息尤其是碳排放信息的準確性、及時性是影響企業產品碳配額成本核算準確性的關鍵。

在企業碳信息披露領域，高質量的環境信息披露既是體現其履行環境責任的重要方式，又是提升企業價值的重要手段。因此，在履行環境責任和披露碳排放等環境信息方面，社會公眾對高排放的企業提出了更多的要求和寄予更高

---

① 黃新鋒. 日本的企業環境管理：經驗及啟示 [J]. 經營管理者，2012 (11)：38-39.

的期望。但中國近年來的研究表明，企業環境管理和碳信息披露的質量現狀不容樂觀，主要存在內容不客觀、形式不規範、可利用價值較低等問題。肖淑芳、胡偉（2005）[①]指出，中國企業碳排放信息披露的內容多為定性描述，環境會計信息的全面性、可比性和連續性都比較差，而且大部分是歷史信息，面向未來的環境信息非常少。張俊瑞等（2008）[②]認為，由於缺乏具體的強制性披露規範，總體上企業環境信息披露情況不甚理想，已披露公司所披露信息主要局限於非財務方面。範紅偉（2009）[③]認為，企業披露的環境信息中有很多事項缺少必要的解釋說明，不能體現會計信息的可比性、重要性、可理解性和明晰性。孫豔輝等（2012）[④]指出，企業管理層多選擇披露對企業有利的環境信息，從而使信息使用者不能獲得其所需的有用的信息，環境信息的實用性差。此外，孫明山（2012）[⑤]還發現，企業環境信息披露存在隨意性較大、強度前後不一致、規範性難以把握、缺乏公信力等問題。以上研究較為客觀地反應了中國企業環境信息披露質量的現狀和存在的問題。

為瞭解中國企業在包括碳排放信息在內的環境信息的披露情況，本書以2012年國家發改委表彰的12家循環經濟型上市公司為樣本，根據其2012年公開發布的年度報告、社會責任報告、可持續發展報告或獨立的環境報告，收集和整理環境信息披露的有關資料和數據，採用內容分析法對其環境信息披露的質量現狀進行分析和評價。本書根據《環境信息公開辦法（試行）》（原環境保護總局，2007）、《上市公司環境信息披露指引》（上海證券交易所，2008）、《上市公司環境信息披露指南（徵求意見稿）》（環境保護部，2010）、《企業環境報告書編製導則》（環境保護部，2011）等規範的具體要求，將公司環境信息披露質量評價的內容整理成為7個一級指標和22個二級指標。其中，7個一級指標具體包括披露載體、環境管理、環境成本、環境負債、環境投資、環境業績、環境監管（見表5-1）。

[①] 肖淑芳，胡偉.中國企業環境信息披露體系的建設［J］.財會研究，2005（3）：45-49.

[②] 張俊瑞，郭慧婷，貫宗武，等.企業環境會計信息披露影響因素研究——來自中國化工類上市公司的經驗證據［J］.統計與信息論壇，2008（5）：79-85.

[③] 範紅偉.淺析企業環境信息披露現狀、影響因素及解決措施［J］.商業經濟，2009（15）：112-116.

[④] 孫豔輝，姚彥麗，岳賢峰.河北省環境會計信息自願披露狀況分析［J］.河北企業，2011（11）：37.

[⑤] 孫明山.上市公司環境信息披露現狀及對策研究［J］.財會學習，2012（5）：26-28.

表 5-1　　　　企業環境（碳）訊息披露質量評價指標

一級指標	二級指標	一級指標	二級指標
披露載體	公司年度報告	環境投資	環境資產總投資額
	社會責任報告		環境技術開發支出額
	可持續發展報告、環境報告	環境業績	清潔生產實施情況
環境管理	環境管理制度建設與運行		主要污染物達標排放率
	環境管理會計推行		工業固體廢物綜合利用率
	環境教育、培訓與交流		綜合能耗下降情況
環境成本	主要原輔料消耗量		總量減排任務完成情況
	水資源消耗量		水資源節約情況
	主要能源消耗量		受環境保護獎勵和表彰情況
環境負債	廢水產生量	環境監管	環境標誌認證情況
	主要污染物排放量		「三同時」制度執行情況
	溫室氣體排放量		是否有環境審計

　　首先，對二級指標的具體評價分別採取如下的計分原則：一是披露載體類的二級指標，僅在年報中披露的計1分，同時發布社會責任報告並披露環境信息的計2分，同時發布可持續發展報告或獨立環境報告的計3分。二是環境管理類的二級指標，沒有披露的計0分，一般披露的計1分，詳細披露的計2分。三是環境成本、環境負債、環境投資和環境業績類的二級指標，沒有披露相關信息的計0分，僅有定性描述的計1分，定量與定性描述相結合、披露不充分的計2分，定量與定性描述相結合、披露較詳細充分的計3分。四是環境監管類的二級指標，沒有披露的計0分，披露的計1分。其次，將每個樣本公司的22項二級指標進行計分並匯總，由此得到單個樣本公司的環境信息披露質量的絕對評價值（EID）。最後，計算各樣本企業環境信息披露的最大可能得分為54分（其中披露載體類指標3分，環境管理類指標6分，環境成本、負債、環境投資和環境業績類指標共42分，環境監管類指標3分），將企業環境信息披露的實際得分除以環境信息披露的最大可能得分，得到企業環境信息披露指數（EIDI）。具體計算公式是：EIDI = 100×（EID/54）。計算結果如表5-2所示。

表 5-2　　　循環經濟型上市公司環境（碳）訊息披露質量評價

公司簡稱	披露載體	環境管理	環境成本	環境負債	環境投資	環境業績	環境監管	EID	EIDI
亞泰集團	2	3	3	3	3	10	2	25	46.30
廈門鎢業	2	1	1	1	3	8	0	16	29.63
青島啤酒	3	6	8	7	5	15	3	47	87.04
重慶鋼鐵	2	1	1	1	2	5	0	12	22.22
馳宏鋅鍺	3	5	7	6	5	13	2	41	75.93
雲天化	2	5	5	5	4	12	2	35	64.81
赤天化	2	4	1	1	3	5	0	16	29.63
新疆天業	2	3	2	1	3	8	1	20	37.04
鞍鋼股份	2	4	2	2	4	9	1	24	44.44
寶鋼股份	3	5	7	7	5	13	2	42	77.78
雲南銅業	2	1	1	1	2	6	1	14	25.93
北新建材	2	2	2	3	3	6	0	18	33.33

　　根據表 5-2 提供的數據進行分析，可以發現 12 家企業包括碳排放信息在內的環境信息的披露質量主要呈現以下特點：

　　一是環境信息披露的總體質量較低。所有樣本企業均按照《環境信息公開辦法（試行）》（2007）等法律法規的有關規定披露了相關環境信息，但樣本企業環境信息披露的總體質量水平較低，並且企業間的披露質量差距較明顯，其中 EIDI 指數平均值為 47.84，標準差為 17.57。環境信息披露質量較好的是青島啤酒、寶鋼股份和馳宏鋅鍺，環境信息披露指數分別為 87.04、77.78 和 75.93。環境信息披露質量較差的是重慶鋼鐵和雲南銅業，環境信息披露指數分別為 22.22 和 25.93。全部樣本公司在年度報告以外都通過社會責任報告、可持續發展報告或環境報告進行環境信息披露。其中，環境信息披露質量較好的青島啤酒、寶鋼股份和馳宏鋅鍺在 2012 年分別發布了可持續發展報告和獨立的環境報告。此外，樣本企業對披露的環境信息進行環境審計的僅有 1 家。

　　二是貨幣計量型環境信息和負面環境信息的披露較少。多數企業由於環境管理會計缺失或環境管理會計推行力度不大，因此披露的環境信息以文字敘述型和實物計量型較多，進行貨幣化處理的信息披露較少。此外，屬於比較負面類型的環境信息，大多數的樣本公司沒有主動地進行披露，致使信息使用者無

法全面瞭解這些企業應承擔的環境責任。

三是碳排放量信息和碳成本核算信息的披露較少。碳排放量信息和碳成本核算信息是企業環境信息披露的重要組成部分，也是社會、公眾和政府比較關注的環境信息。但 12 家樣本企業在環境信息報告中，全都沒有報告企業碳排放量的具體數據，更沒有對企業碳減排及其相關成本做細緻的說明。

企業環境管理部門的缺失和環境信息披露滯后的問題，是影響產品碳配額成本核算的重要因素。為此，本書提出以下建議：一是盡快完善針對製造企業的環境管理和信息披露制度，要求企業成立專門的環境管理機構和培養專職從事環境管理的技術人員。二是根據製造企業成本核算的規律和特點，在滿足企業環境信息披露一般內容的基礎上，結合產品碳配額成本核算的要求來設計製造企業環境信息披露的內容和標準，為製造企業產品碳配額成本核算提供更具體、詳細和符合成本核算需要的制度規範，以提高製造企業產品碳配額成本核算的內在質量。三是加大產品碳配額成本核算的制度設計和約束力度。對碳排放量披露的形式、時間、內容和技術方法等做出統一規定，使製造企業的碳排放量信息和產品碳配額成本信息在行業甚至全國範圍內更具可比性和有用性。

5.2.2 成本部門設置和碳配額成本核算

企業的成本核算工作一般歸屬在財務會計部門當中，也有企業設置專門的成本核算和管理部門。在製造企業尤其是大中型製造企業裡，成本核算和管理工作是財務核算的重要環節，涉及企業成本和費用的歸集、攤銷和分配，直接影響企業當期的盈利和稅收。目前，企業的成本核算主要以材料、人工成本和製造費用的核算為主，尚未開展碳配額成本的核算，在實際工作中，企業的碳配額成本支出直接計入期間費用。開展碳配額成本核算工作以後，企業成本核算和管理的內容將更加豐富。因此，需要在組織機構和人力層面給予保證和支持，設置專門的成本部門進行成本核算和管理工作，這既是做好碳配額成本核算工作的組織保證，也是實施碳配額成本核算的重要條件。

由於各個單位的組織機構、管理體制和經營管理情況有所不同，企業成本部門在設置時有不同的模式。首先，成本部門的設置要與企業的規模和管理要求相適應。企業的規模決定成本核算業務的內容和數量，也影響成本核算工作的方法和部門內的分工。其次，成本部門的設置應以能提高工作效率為原則。設置成本部門是為了更好地完成成本核算任務，加強成本管理，提高經濟效益。因此，成本部門的設置應當貫徹精簡、高效、節約的原則，合理設計，防止機構重疊、人浮於事，避免人力、物力的浪費。最後，成本部門的設置應有

著明確具體的內部分工。在製造企業的成本部門，應根據成本核算業務的不同性質進行明確的分工。這就要求部門內的工作人員有明確的職權、責任和具體的工作內容，做到職責清晰、任務確切，才有利於實行崗位責任制。

5.2.3　產品碳配額成本核算的組織協調

製造企業的產品碳配額成本核算是一項綜合性較強的工作，需要環境、成本和生產等各個部門的配合協作才能完成。因此，組織系統間的協調工作尤其重要。通常，企業的成本計算主要由成本部門負責。成本部門起主導作用。同時，這需要各個部門的協助和配合。

第一，環境部門按月提供活動水平數據和碳排放量報告。

第二，倉儲部門提供每月原料進出庫記錄及單據，成品保管部門提供每月成品進出庫記錄及單據。

第三，生產管理部門提供工時統計表及產品進度表。

第四，採購部門提供當月應付未付單據。

第五，銷售部門提供銷售報表，以明確當月銷售出庫情況。

5.3　產品碳配額成本核算信息系統設計

製造企業的成本核算是一個以提供製造業產品成本信息為主的信息系統。產品碳配額成本信息系統的設計就是規劃提供產品碳配額信息的諸多方面，包括：一是產品碳配額成本核算載體的設計，主要是確定相關原始憑證、明細報表的種類與格式以及它們之間的聯繫。二是成本核算處理程序的設計，主要是設計產品碳配額成本歸集與分配的程序。科學的處理程序其效率和效果不同。三是設計科學合理的分析指標體系。

5.3.1　產品碳配額成本核算載體的設計

5.3.1.1　主要原始憑證的設計

在製造企業產品碳配額成本核算過程中涉及的原始憑證主要包括環境保護、資產管理等部門提供的原始依據。企業成本核算部門也可以根據相關原始資料自行加工製作原始憑證，以滿足產品碳配額成本核算記帳的有關需要。主要原始憑證的內容與格式設計要求如下：

第一，企業環境管理部門提供的企業碳排放量月明細報表如表 5-3 所示。

表 5-3　　　　　　　　製造企業×月碳排放量明細報表

計算單元	生產工藝過程	計算項目	計算依據	二氧化碳排放量（萬噸）
	本月合計			

第二，企業碳配額資產管理部門提供的企業碳配額資產交易數據報表如表5-4所示。

表 5-4　　　　　　　製造企業×月碳配額資產交易數據報表

序號	交易時間	交易類型	交易數量（噸）	市場價格（元/噸）	交易金額（元）
	本月合計				

備註：碳配額資產月初結存××噸，月末結存××噸

第三，企業成本部門編製的月碳配額成本分配表如表5-7所示。

5.3.1.2　主要核算帳簿的設計

在製造企業產品碳配額成本核算過程中，需要增加設置碳配額資產總帳和明細分類帳、碳配額負債和明細分類帳，碳配額資產和負債帳戶均採用數量金額式的明細分類帳格式。此外，在生產成本、管理費用、製造費用、投資收益、補助收入等成本和損益類帳戶的明細分類帳中也應增加「碳配額」的明細欄目來核算因碳配額發生的成本支出或收入。

第一，企業碳配額資產或負債的明細分類帳格式如表5-5所示。

表 5-5　　　　　　　　　　排放配額（排放負債）明細帳

201×年		憑證號碼	摘要	收入			發出			結存		
月	日			數量	單價	金額	數量	單價	金額	數量	單價	金額
			月初結存									
			……									
			本月合計									

第二，企業生產成本明細帳（產品成本計算單）格式如表 5-6 所示。

表 5-6　　　　　　　　　×產品×月成本計算單

項目	產量	材料成本	人工成本	碳配額成本	製造費用	合計
月初在產品						
本月生產費用						
合計						
分配率						
本月產成品						
月末在產品						

5.3.2　產品碳配額成本核算程序的設計

製造企業產品碳配額成本核算的程序實際上就是指碳配額成本的歸集和分配過程。碳配額成本通過多次的歸集和分配，最終計算出產品的碳配額成本和總成本。以下介紹碳配額成本的歸集和分配方法。

5.3.2.1　產品碳配額成本的歸集

成本的歸集是指通過一定的方式對產品成本數據進行收集、整理和匯總。匯總某一項產品生產成本的集合，是成本核算過程中的「成本歸集點」或「成本集合」。製造企業參與碳排放權交易以後，生產經營過程中產生的碳排放都對應著要履行相應的碳配額交付義務。由於碳配額的價值在碳排放權交易市場上客觀存在，因此製造企業的碳配額的交付義務是一種事實上的價值消耗，類似於生產過程中的材料和人工消耗一樣，應計入生產經營成本中。製造企業在生產經營過程中，對碳配額的消耗實際上有著多方面的作用，如有的碳排放是在組織生產、維護生產設備和管理過程中產生的，還有的碳排放是在非

工業生產的過程中產生的等。在成本核算過程中，對於應計入產品生產成本的碳配額的消耗，必須按照成本項目歸集，如直接有助於產品形成的碳排放消耗的碳配額成本，應計入產品生產成本中的「碳配額成本」項目；而在維護生產設備和管理過程中產生的各種碳排放消耗的碳配額成本，應計入「製造費用」項目。不應計入產品成本而屬於期間費用的碳配額成本則應計入「管理費用」「銷售費用」等項目。購置和建造固定資產與其他資產產生碳排放而形成的碳配額成本，則不應計入產品生產成本，也不得計入期間費用，而應計入「在建工程」或相關項目中。

5.3.2.2 產品碳配額成本的分配

直接有助於產品生產的碳配額消耗（碳排放）成本，通常是按對應的產品作為直接費用，直接計入各種產品成本的「直接材料」項目。但是，有時某個碳排放源的成本，為幾批產品共同耗用。例如，某些通用設備的碳排放，在產品生產過程中是各產品間接發生的費用，此時應分配計入各種產品成本，需要使用科學合理的分配方法進行分配。如果製造企業制定有比較準確的碳排放消耗定額，也可以採用碳配額的定額消耗量比例，或者根據材料的定額成本的比例來進行碳配額成本的分配。其具體的計算公式如下：

$$分配率 = \frac{碳配額實際總消耗量(或實際成本)}{各種產品碳配額定額消耗量(或定額成本)之和}$$

某種產品應分配的碳配額數量(成本) = 該種產品的碳配額定額消耗量(或定額成本) × 分配率

碳配額成本除了按以上方法分配外，還可以採用其他方法分配。例如，共同耗用電力產生的碳配額成本，若能明確各產品機器工時數量，則採用機器工時進行分配比較合理。輔助生產部門（供電、供氣、供熱）產生的碳配額成本，可以比照輔助生產費用的分配方法進行處理，但不能與輔助生產費用合併分配，以確保產品碳配額成本核算的準確性和完整性。

製造企業產品生產耗用的碳配額成本，應計入「生產成本」帳戶及其所屬的明細分類帳的借方，同時在明細分類帳中還要按「碳配額成本」項目按專欄進行單獨核算反應。此外，輔助生產部門發生的碳配額成本以及生產車間和行政管理部門為管理和組織生產而發生的碳配額成本，應分別計入「生產成本——輔助生產成本」「製造費用」「管理費用」等帳戶及其明細帳的借方。至於用於非生產用的碳配額成本，則應計入其他有關帳戶。

在成本核算的實踐工作中，碳配額成本的分配一般要通過碳配額成本分配表進行。這種分配應根據碳排放的用途，根據企業環境部門報送的碳排放量明

細報表編製，其格式內容如表 5-7 所示。

表 5-7　　　　　　　　　×月碳配額成本分配表

應借科目			共同耗用碳配額分配					直接耗用碳配額	碳配額成本總額
總帳及二級科目	明細科目	成本項目	產量	單位消耗定額	定額耗用量	分配率	應分配的配額		
生產成本——基本生產									
	小計								
生產成本——輔助生產									
	小計								
製造費用									
管理費用									
合計									

5.3.3　產品碳配額成本分析指標的設計

製造企業產品碳配額的成本分析主要可以通過標準成本分析體系來實現。標準成本是製造企業用來考核和衡量實際成本、評價工作效率的一種預計成本，是經過製造企業長時期的現場考察，運用特定的成本分析技術測算而最終制定的。標準成本被視為「應該成本」，即正常情況下應該發生的成本數額，大體上排除了在產品生產過程中不應該發生的成本浪費。標準成本不同於估計成本，儘管兩者都是預計的成本，但估計成本在實際工作中不具備評價成本工作效率的標尺作用，只反應其可能性，主要是在制定產品的銷售價格時採用。標準成本體現了企業成本工作的目的要求，在產品生產製造過程中起到評價工作效率的標準和成本控制的標準作用。「標準成本」一詞在實際工作中還有兩種含義：一是指單位產品的標準成本，是根據單位的標準消耗量和標準單價計算出來的，準確地說應稱為「成本標準」；二是指實際產量的標準成本，是根據實際產品產量和單位產品成本標準計算出來的。

5.3.3.1　碳配額標準成本的制定

製造企業在制定標準成本的時候，不論是核算什麼成本項目，都要確定其各自的數量標準和價格標準，然後兩者相乘計算出該成本項目的「成本標準」。不論是數量標準還是價格標準，可以是理想狀態下的標準，也可以是正常狀態下的標準，由此而計算出理想的標準成本，或者是正常的標準成本。製

造企業產品的碳配額的標準消耗量，是用統計方法、工業工程法或其他技術分析方法確定的，是在現在技術條件下生產單位產品所需的碳排放消耗量。

以下是一個產品碳配額標準成本的實例，如表5-8所示。

表5-8　　　　　　　　　×產品碳配額標準成本

標準	直接排放		間接排放
	工藝排放 I	工藝排放 II	
價格標準	45元/噸	45元/噸	45元/噸
用量標準	0.35噸	0.34噸	0.26噸
成本標準	15.75元	15.3元	11.7元
單位產品標準成本	42.75元		

5.3.3.2　產品碳配額標準成本的差異分析

碳配額的標準成本是一種目標成本，由於種種原因，產品的實際碳配額成本會與目標不符。碳配額的實際成本與標準成本之間的差異稱為產品碳配額標準成本差異，或簡稱碳配額成本差異。碳配額成本差異是反應碳配額實際成本脫離預定目標程度的信息，為了對這種偏差進行更正，就要認真分析產生的碳配額成本差異及其原因，以便有針對性地採取有效措施對其進行糾正。

碳配額成本差異形成的基本原因有兩個：一是碳配額價格脫離標準；二是消耗量脫離標準。前者按實際消耗量計算，稱為碳配額價格差異；后者按標準價格計算，稱為碳配額數量差異。其計算公式如下：

碳配額價格差異＝實際數量×（實際價格－標準價格）

碳配額數量差異＝（實際數量－標準數量）×標準價格

碳配額價格差異是在碳配額的管理和交易過程中產生的，不應該讓實際產生碳排放的生產部門來承擔責任，而應該讓企業的碳配額管理和交易部門對其進行解釋說明並承擔相應的責任。企業碳資產管理和交易部門未能按標準成本供應碳配額的原因有許多，如碳配額市場交易價格的波動、碳配額分配辦法的調整、碳配額市場供需狀況的改變、碳配額交易市場操作的合理性等，需要對其成因進行認真調查分析，才能最終確定其原因和應承擔的責任。

碳配額數量差異是在產品生產時的實際碳排放過程中產生的，反應生產部門的碳配額成本控制業績以及企業生產過程中貫徹節能減排的業績。碳配額數量差異形成的具體原因也很多，如操作流程中因工作的疏忽造成廢品和廢料增加造成單位產品碳排放量的增加、工人操作技術改善使生產效率提高而減少的

碳排放量、使用新設備或新技術而減少的碳排放量、機器設備老化陳舊或維護維修不當而增加的碳排放量等。因此，要進行具體的調查研究才能明確產品碳配額成本數量差異的責任歸屬。

5.4 產品碳配額成本核算控制系統設計

中國企業進行內部控制的總目標是合理保證企業經營管理合法合規、資產安全、財務報告及相關信息真實完整，提高經營效率和結果，促進企業實現發展戰略[①]。產品碳配額成本管理的控制系統是按照既定的成本核算目標，對成本核算行為進行內部控制的一系列控制方法、措施以及程序。針對碳配額成本的核算，應從活動數據採集、碳排放量分配等容易出現錯漏或偏差的方面進行內部控制，以確保成本核算信息的真實性、準確性。同時，應結合碳配額的成本核算，建立碳配額成本的責任中心，以責、權、利的協調統一為目標，實現企業節能減排和減少產品碳配額成本的最終目的。

5.4.1 產品碳配額成本核算的內部控制

製造企業產品碳配額成本核算內部控制的主要內容如下：一是碳排放量的測量需要根據企業管理層特定的或一般的授權來進行。其關鍵的內部控制點有碳排放量測量的授權批准、碳排放量報告的授權批准。二是記錄的碳配額成本為實際發生的而非虛構的。其關鍵的內部控制點有產品碳配額成本的核算是以經過審核的碳排放量明細報表、碳配額成本分配表為依據的。三是所有的碳配額成本均已反應在產品成本中。其關鍵的內部控制點有所有碳排放量的明細報表、碳配額成本分配表均事先編號並已經登記入帳。四是碳配額成本在恰當的成本計算期內，以正確的金額及時記錄於恰當的帳戶。其關鍵的內部控制點有企業的成本核算方法是適當的和前後各期一致的，碳配額成本分配辦法是適當的和前後各期一致的；企業成本核算流程和帳務處理流程是適當的和前後各期一致的。五是碳配額交易的操作與記錄人員相互獨立。其關鍵的內部控制點是企業碳配額資產的交易操作人員與記錄人員職務相互分離。

---

① 中華人民共和國財政部，等. 企業內部控制基本規範 [M]. 北京：中國財政經濟出版社，2008.

5.4.2 碳配額成本責任中心設置與考核

5.4.2.1 碳配額成本責任中心設置

實行責任會計制度是製造企業進行成本控制和成本績效考核與管理的重要手段。在責任會計制度下，企業的每一個責任單位對其開展的生產經營活動應該有相當明確的權力和責任範圍。通常，在大中型的製造企業內一般施行分權方式下的經營和管理體制，按照製造企業的總體管理目標，需要將製造企業生產經營的總體目標進行層層分解，轉化為不同層級的子目標，落實到有關責任單位。這種通過目標分解后承擔對應子目標任務的企業內部責任單位，在會計上稱為責任中心。製造企業的責任中心可以根據其生產經營業務活動的特點以及其承擔的責任權限範圍劃分為成本中心、利潤中心和投資中心等不同的類型。其中，成本中心是進行成本控制和管理的重要單位。

製造企業的成本中心是指只發生成本（費用），不取得收入的責任中心。通常，成本中心的經營活動只對成本的高低發生影響。對這類責任中心企業只考核成本控制業績。從碳配額的特點來看，成本中心既是製造企業產品生產的成本項目，又可以作為投資品種來使用，因此理論上不宜將其作為純粹的成本中心來考核，但考慮到製造企業的碳配額儲備或支出，主要是應對碳排放產生的配額交付義務，故可以作為成本中心來設置和考核。

碳配額成本中心的設置既要結合製造企業碳排放的特點，又要符合製造企業組織生產和管理上的不同特點。通常，在生產管理上可以單獨組織的、碳排放行為上可以獨立辨認的、碳配額成本控制上可以單獨進行考核的單位，大到工廠、部門，小到車間、班組，都可以劃分為碳配額成本的責任中心。同時，碳配額責任成本和產品碳配額成本是既有聯繫又有區別的兩個概念。製造企業在一定時期內發生的全部碳配額責任成本和全部產品碳配額成本應該一致，但兩者又有明顯的區別。其區別主要表現在兩個方面：一是產品碳配額成本是按產品核算的，而碳配額責任成本是按成本中心核算的，是每個成本中心的可控成本；二是產品碳配額成本是為了確定碳配額消耗的成本而進行補償，而碳配額責任成本核算是為了考核各責任中心節能減排、降低碳配額成本責任的完成情況，找出不足，查明原因，採取措施，從而降低成本。以下舉例說明兩種成本的區別。

假定某製造企業生產 A、B 兩種產品。該企業有甲、乙兩個生產部門和丙、丁兩個管理部門，均為碳配額成本中心。某月有關兩種產品的全部碳配額成本為 51,000 元，根據兩種產品和各部門的碳配額分配資料，編製全部產品

碳配額成本和碳配額責任成本對照表，如表5-9所示。

表5-9　　　　全部產品碳配額成本和碳配額責任成本對照表　　　單位：元

成本項目	I．全部產品碳配額成本			
^	A產品1,000件		B產品500件	
^	總成本	單位成本	總成本	單位成本
碳配額成本	34,000	34	17,000	34
成本項目	II．部門碳配額責任成本			
^	甲部門	乙部門	丙部門	丁部門
碳配額成本	26,700	15,300	3,400	5,600

5.4.2.2　碳配額成本責任中心考核

由於碳配額成本中心沒有收入，只能對碳配額成本負責，因此對成本中心的評價和考核應以碳配額責任成本為重點。通過編製碳配額責任報告反應碳配額責任成本的執行情況及其與預算數之間的差異，並分析產生差異的原因。碳配額成本中心編製的責任報告，也稱為碳配額成本業績報告。在編製時，既要注意報告的適時性和適用性，盡量使報告的時間與生產經營活動進行規劃、控制的時間相適應，使責任報告的內容最大限度地滿足企業內部不同管理層次和管理人員有關碳排放量和碳配額成本支出的信息需要，又要注意報告的相關性和確切性，盡可能保證責任報告提供的資料、數據的準確性和可信度，使各級管理者對其責任區域內的真正能夠控制的碳排放活動進行切實有效的管理。

碳配額成本中心的責任報告一般包括該中心可控成本的各明細項目的預算數、實際數和差異數。對本部門的不可控的碳配額成本則可以採用兩種處理方式：一種是全部省略，不予列示，以便突出重點；另一種是把不可控成本作為參考資料列入業績報告，以便管理者瞭解成本中心在一定時間內碳配額支出的全貌。

碳配額成本責任報告中的成本差異是評價和考核成本中心工作實績的重要標誌。如果實際數小於預算數，稱為有利差異，它表示碳配額成本的節約額，意味著該部門減少了碳排放，在節能減排方面為企業做出了貢獻；如果實際數大於預算數，稱為不利差異，它表示碳配額成本的超支額，意味著該部門增加了碳排放，在能源節約和環境生產效率提高方面還有改進和提升的空間。

6 產品碳配額成本核算的模擬應用

產品碳配額成本核算需要解決核算金額、核算標準和核算系統三個主要問題，這些已在第 3~5 章分別進行了闡述和分析。為詳細說明製造企業產品碳配額成本的核算方法，本章以某水泥製造企業為例，模擬其產品碳配額成本的具體核算過程，進行帳務處理和成本分析，為實踐工作提供指導或參考。

6.1 企業概況與業務活動數據

6.1.1 企業基本情況

6.1.1.1 碳排放權交易背景下的水泥行業

水泥製造而產生的二氧化碳，是中國 5 類最主要的工業碳排放源之一[①]。作為中國國民經濟的基礎性行業之一，高能耗、高排放、高污染是該行業的典型特徵。中國環境科學研究院和中國水泥協會的數據顯示，水泥行業二氧化碳的排放量僅次於電力行業，位於全國第二。在「十一五」規劃期間，中國水泥工業迅猛發展，全國的水泥產量由「十五」規劃末期的 10.6 億噸增長到 2010 年的 18.8 億噸，平均年增長率在 10% 以上，中國每年新增水泥產量占世界新增水泥產量的 80% 以上，2010 年水泥產業排放二氧化碳 10 多億噸，占中國二氧化碳排放總量的 20% 左右，由此帶來了巨大的環境保護壓力[②]。因此，2011 年以來，中國陸續在北京、上海、廣東等地展開了碳排放權交易的試點，

---

① 葛全勝，方修琦. 科學應對氣候變化的若干因素及減排對策分析 [J]. 中國科學院院刊，2010 (1)：32-40.

② 馬忠誠，汪瀾. 水泥工業 CO_2 減排及利用技術進展 [J]. 材料導報，2011 (19)：150-154.

水泥製造企業成為各地重點管制的對象。本章以水泥製造企業為例，分析研究其產品碳配額成本的核算方法，不僅有利於水泥製造企業加強自身碳排放的控制與管理，也有利於實現中國水泥製造企業加強碳配額資產管理、節約碳配額成本支出，為水泥行業參與中國碳排放權交易，推進中國強制性碳排放權交易市場穩定發展奠定基礎。

6.1.1.2 A水泥製造企業概況

A水泥製造企業是一家以水泥生產經營為主的民營股份制企業，是受到地方政府產業政策重點支持的大型水泥企業之一。該企業總資產接近10億元，水泥年產能約為1,500萬噸。該企業先后榮獲「××省優秀企業」「××省資源利用先進單位」「××省文明單位」「環境優美工廠」「精神文明建設先進單位」「企業文化建設先進單位」等榮譽稱號。該企業以某品牌硅酸鹽水泥為主導產品，產品主要在中南、華南地區銷售。該企業商標被工商部門認定為馳名商標，也是建材行業的著名品牌。A水泥製造企業下屬的干法水泥廠以國家建材產業政策為導向，於2007年年底建成投產一條日產2,500噸熟料新型干法回轉窯水泥生產線，在保持水泥主業競爭優勢的同時，積極促進產品、產業優化升級。

6.1.2 企業碳排放量核算過程與數據

6.1.2.1 組織邊界與營運邊界

組織邊界：核算的水泥生產線為A水泥製造企業下屬的全資干法水泥廠所屬，由於A水泥製造企業對干法水泥廠及水泥生產線擁有財務與營運上的絕對控制權，故該水泥生產線的二氧化碳排放量100%為干法水泥廠和A水泥製造企業所有。

營運邊界：該干法水泥廠在營運上相對獨立，核算範圍包括所有與水泥製造相關的生產過程，可分為整條生產線的直接排放和採購、運輸等產生的排放以及間接的電力溫室氣體排放。包含的排放單元主要結合水泥企業生產工序的特點分類，主要包括礦山開採、生料制備、熟料煅燒、水泥粉磨、餘熱發電、生產辦公及其他等排放單元。

6.1.2.2 碳排放源識別和計算項目確認

經過對A水泥製造企業干法水泥廠二氧化碳排放量各計算單元的分析，可識別的碳排放源類別主要有車輛運輸燃油消耗、生產工藝過程電力消耗、生料中碳酸鹽礦物分解、生料中有機碳燃燒、生產工藝過程實物煤燃燒、生產工藝過程替代燃料消耗、窯爐啓動點火燃油消耗、餘熱發電量、外購水泥熟料消耗等。不同計算單元的碳排放源的類別不同，因而涉及不同的計算項目。礦山

開採、生料制備、水泥粉磨和生產辦公等單元主要涉及電力消耗、燃料燃燒等項目產生二氧化碳的計算，而熟料煅燒單元還涉及生料中碳酸鹽礦物分解、生料中有機碳燃燒等項目產生二氧化碳的計算。

6.1.2.3　採集活動水平數據和計算碳排放量

Ａ水泥製造企業二氧化碳排放量的計算方法和公式詳見第 4 章計算公式（1）~（8）。計算的碳排放量如表 6-1 所示。

表 6-1　　Ａ水泥製造企業碳排放實物量計算項目與結果

計算單元	生產工藝過程	計算項目	計算公式	二氧化碳排放量（萬噸）
1	礦山開採	車輛運輸燃油消耗	(6)	1.97
		生產工藝過程電力消耗	(7)	1.59
		小計		3.56
2	生料制備	車輛運輸燃油消耗	(6)	0.46
		生產工藝過程電力消耗	(7)	1.15
		小計		1.61
3	熟料煅燒	車輛運輸燃油消耗	(6)	0.30
		生產工藝過程電力消耗	(7)	1.21
		生料中碳酸鹽礦物分解	(1)、(2)	56.42
		生料中有機碳燃燒	(3)	6.48
		生產工藝過程實物煤燃燒	(4)	5.12
		生產工藝過程替代燃料消耗	(5)	3.15
		窯爐啓動點火燃油消耗	(6)	0.86
		餘熱發電量（為二氧化碳減排）	(8)	-0.47
		小計		73.07
3	水泥粉磨、包裝及發送	車輛運輸燃油消耗	(6)	2.13
		生產工藝過程電力消耗	(7)	1.67
		生產工藝過程實物煤燃燒	(4)	0.52
		小計		4.32
合計				82.56

6.1.3 碳配額交易規則與企業交易數據

6.1.3.1 碳配額管理和交易規則

A 水泥製造企業所在的 X 市於 201×年建設碳排放權交易市場。X 市碳排放權交易實行目標總量控制。全市碳排放權交易體系目標排放總量根據國家和地方確定的約束性指標，結合 X 市經濟社會發展趨勢和碳減排潛力等因素科學、合理設定。碳配額的管理和交易規則的主要內容如下①：

第一，碳排放配額管控單位的認定標準。實行碳排放配額管理的管控單位認定標準為：年碳排放量達到 3,000 噸二氧化碳當量以上的企業；自願申請並經主管部門批准納入碳排放控制管理的碳排放企業；由政府主管部門認定的其他碳排放企業。

第二，碳配額分配和履行碳配額交付義務的管理。碳配額管理部門要依據當地的碳排放總量任務計劃、地區產業發展方向、行業發展現狀和總的碳減排空間，以及地區近幾年碳排放的現狀和減排成效等方面因素總體確定地區的年度碳配額總量。

年度碳配額總量主要由以下五部分的內容構成：預分配配額、調整分配的配額、新進入者的儲備配額、拍賣的配額、價格平抑儲備配額。

年度碳配額總量的分配可以採取無償分配和有償分配兩種辦法進行。無償分配的配額包括預分配的配額、新進入者的儲備配額和調整分配的配額。有償分配的配額可以採用面向市場拍賣以及特定價格的方式分配。

預分配配額的確定，應當結合企業歷史排放量、在其所處行業中的排放水平、未來減排承諾和行業內其他企業減排承諾等因素，採取同一行業內企業競爭性博弈方式確定。預分配配額原則上每三年分配一次，每年第一季度簽發當年度的預分配配額。主管部門應當在每年 5 月 20 日前，根據管控單位上一年度的實際碳排放數據和統計指標數據，確定其上一年度的實際配額數量。

管控單位獲得的年度碳配額，可以進行轉讓、質押，或者以其他合法方式取得收益。碳排放權交易的履約期為每個自然年。上一年度的配額可以結轉至后續年度使用。后續年度簽發的配額不能用於履行前一年度的配額履約義務。管控單位應當於每年 6 月 30 日前向主管部門提交配額或者核證自願減排量。管控單位提交的配額數量及其可使用的核證自願減排量之和與其上一年度實際

---

① 深圳市人民政府. 深圳市碳排放權交易管理暫行辦法 [EB/OL]. (2014-04-12) [2016-12-20]. http：//www. sz. gov. cn/zfgb/2014/gb876/201404/t20140402_2335498. htm.

碳排放量相等的，視為完成履約義務。

第三，碳配額交易的規則。管控單位以及符合碳排放權交易規則規定的其他組織和個人，可以參與碳排放權交易活動。交易所開展的碳排放權交易品種包括碳排放配額、核證自願減排量和相關主管部門批准的其他碳排放權交易品種。

管控單位應當遵循公平、自願、誠實、守信的原則從事交易活動，不得有下列行為：交易已經註銷的配額或者核證自願減排量；交易非法取得的配額或者核證自願減排量；超過自身配額、核證自願減排量持有數量或者資金支付能力從事交易；主管部門或者交易所禁止的其他交易行為。交易應當依法採用現貨交易、電子拍賣、定價點選、大宗交易、協議轉讓等方式進行。

6.1.3.2　A企業碳配額分配與交易記錄

A水泥製造企業201×年參與碳排放權交易，全年碳配額資產分配與交易記錄如下：

年初，A企業碳配額結存4萬噸。

3月15日，根據A企業以前年度歷史碳排放量和減排承諾及目標，簽發當年的預分配配額40萬噸。

5月20日，根據A企業上一年度生產總量和目標碳強度計算的實際配額數量為45萬噸，故在預分配配額的基礎上追加配額5萬噸。

6月10日，A企業在碳排放權交易二級市場上購買碳配額20萬噸。

6月30日，A企業經核查后確認的實際碳排放量為60萬噸。履行相應的碳配額交付義務。

9月20日，A企業在二級市場上出售剩餘的碳配額9萬噸。

11月8日，A企業在二級市場上購進碳配額10萬噸用於儲備。

年末結存碳配額10萬噸。

6.1.4　企業生產工藝過程和產量數據

6.1.4.1　生產工藝過程和成本計算方法

A水泥製造企業的生產過程分為四個階段，即礦石開採、生料制備、熟料煅燒、水泥粉磨。其主要的生產工藝流程如圖6-1所示。具體設有三個基本生產車間，即採石車間、原料車間和制成車間。採石車間生產的石灰石入原材料庫，原料車間生產半成品生料、熟料及煤粉。制成車間生產自用干礦渣和P.S32.5水泥（礦渣）、P.O32.5水泥（普通）兩種水泥產品。

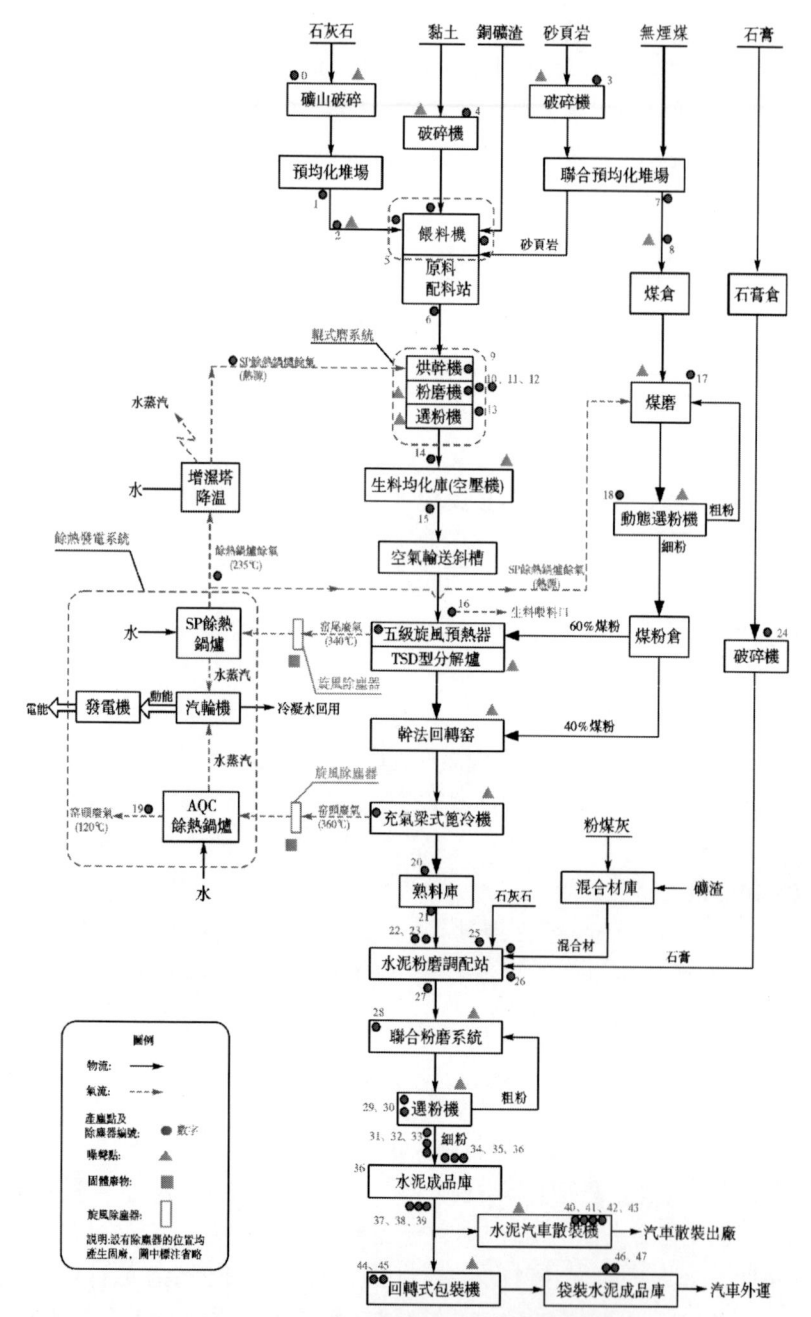

圖 6-1　A 水泥製造企業生產工藝流程圖

第一，石灰石的生產工藝過程和成本計算方法。

石灰石是構成水泥產品實體的主要原料。A 水泥製造企業石灰石的生產工藝過程一般包括剝離、鑿石、爆破、礦內運輸、破碎、中碎、入庫、再運輸的過程。石灰石的碳配額成本主要來源於生產過程的電力消耗。

A 水泥製造企業生產的石灰石因當月全部投入下一步驟的生產，沒有期末在產品，因此採用簡單法定期在每月月末核算成本。其成本項目設置「材料成本」「人工成本」「碳配額成本」和「製造費用」4 個項目。

第二，生料的生產工藝過程和成本計算方法。

生料是水泥生產過程中產生的一種半成品。它是由原料石灰石、黏土、尾礦粉、鐵礦尾礦粉、粉煤灰、窯灰和鋁礬土等按選定的比例均勻配合，進行粉碎後得到的粉末狀物料。A 水泥製造企業干法生產生料的生產工藝過程包括原料均化、運輸、細碎、烘干、粉磨、選料、入庫、均化等。生料的碳配額成本也主要來源於生產過程中的電力消耗。

根據 A 水泥製造企業產品單一、機械化大量、連續、分步驟生產的特點，生產的半成品生料月初、月末均有數量不等、波動較大、尚未轉出到下一步驟的結存在產品，因此每月投入的生料成本費用加上月初結存的生料成本費用的生產費用合計數，需要在完工轉出半成品生料和期末結存半成品生料（在產品）之間按一定標準進行生產費用的分配。又由於半成品生料不需要通過半成品庫收發，而是為下一生產步驟半成品熟料生產直接使用，故該半成品生料成本採用直接轉入半成品熟料成本的方法，將月末結存生料成本保留在生產成本的基本生產成本生料明細帳戶內。計算生料成本，其成本項目設置「材料成本」「人工成本」「碳配額成本」和「製造費用」4 個項目。

第三，熟料的生產工藝過程和成本計算方法。

熟料是水泥生產過程中的主要半成品，是由水泥窯將原料生料燒到部分或全部溶解後，經冷卻獲得的顆粒狀物料。A 水泥製造企業熟料的生產工藝過程包括生料的預熱、分解、燒成和冷卻。熟料的碳配額成本主要來源於生產過程中的電力消耗、燃料燃燒和工藝過程中的碳排放。

A 水泥製造企業水泥產品整體採用分步法核算，熟料成本核算與生料的核算類似，因為生產的半成品熟料月初、月末均有數量不等、波動較大、尚未轉出到下一步驟的結存在產品，所以每月投入的熟料成本費用加上月初結存的熟料成本費用的生產費用合計數，需要在完工轉出半成品熟料和期末結存半成品熟料（在產品）之間按一定標準進行生產費用的分配。又由於半成品熟料不需要通過半成品庫收發，而是為下一生產步驟水泥生產直接使用，故該半成品

熟料成本採用直接轉入水泥成本的方法，將月末結存熟料成本保留在生產成本的基本生產成本熟料明細帳戶內。計算熟料成本，其成本項目設置「材料成本」「人工成本」「碳配額成本」和「製造費用」4 個項目。

第四，水泥的生產工藝過程和成本計算方法。

水泥是水泥企業的最終產品，它是由半成品熟料加入適量的石膏，並按規定標準摻入適量混合材料，用粉磨機磨細后產生的一種水硬性膠凝物料。水泥有不同的品種、不同的強度等級。A 水泥製造企業生產有 P. S32. 5 水泥（礦渣）、P. O32. 5 水泥（普通）兩種型號的水泥產品。水泥產品的碳配額成本主要來源於生產過程的電力消耗。

水泥產品本身沒有期初、期末在產品，A 水泥製造企業成本計算的程序是：不同品種的水泥直接耗用的各項生產費用，直接計入各品種水泥產品的生產成本；包括碳配額成本等共同耗用的生產費用，均應按一定的標準進行分配后計入各品種水泥的生產成本。計算水泥成本，其成本項目設置「材料成本」「人工成本」「碳配額成本」和「製造費用」4 個項目。

6.1.4.2　A 水泥製造企業 3 月份產量數據

A 水泥製造企業 3 月份產量數據如表 6-2 所示。

表 6-2　　　　　　　A 水泥製造企業 3 月產品產量數據　　　　　　單位：噸

成本計算對象	石灰石	生料	熟料	煤粉	干礦渣	水泥 P. S32. 5	水泥 P. O32. 5
月初結存	—	6,000	4,000	—	900	—	—
本月投入	36,000	99,750	66,000	8,918	17,000	30,000	56,000
月末完工	36,000	100,750	65,000	8,918	16,900	30,000	56,000
月末結存	—	5,000	5,000	—	1,000	—	—

6.2　企業碳配額資產與負債的計價核算

6.2.1　企業碳配額資產的計價核算

根據第 3 章的研究結論，本書設計了有關碳排放權交易關鍵步驟的會計方法。其主要包括：所有碳排放權（免費配額與購買的排放權）應該以公允價值法進行初始確認與計量，后續計量採用成本模式，即通過成本減去減值進行

記錄（免費配額的推定成本是它的初始公允價值）；政府補貼（遞延收益）應當按已排放量與預計總排放量的比例合理釋放並確認補貼收入；上交排放權時，企業應該終止確認排放負債與持有的碳排放權資產。

年初，A 企業碳配額結存 4 萬噸。初始公允價值為 45 元/噸，共 180 萬元。因此，A 企業「排放配額」帳戶有年初餘額 180 萬元。

3 月 15 日，根據 A 企業以前年度歷史碳排放量和減排承諾及目標，簽發當年的預分配配額 40 萬噸。3 月 15 日，碳排放權市場交易價格為 50 元/噸。由於預分配配額按照交易管理辦法系免費分配，故該部分配額應以當日的市場價格作為初始公允價值入帳，同時計入遞延收益。

借：排放配額　　　　　　　　　　　　　　　　20,000,000
　　貸：遞延收益　　　　　　　　　　　　　　　20,000,000

5 月 20 日，根據 A 企業上一年度生產總量和目標碳強度計算的實際配額數量為 45 萬噸，故在預分配配額的基礎上追加配額 5 萬噸。5 月 20 日，碳排放權市場交易價格為 55 元/噸。由於預分配配額仍系免費分配，故該部分配額應以當日的市場價格作為初始公允價值入帳，同時計入遞延收益。

借：排放配額　　　　　　　　　　　　　　　　　2,750,000
　　貸：遞延收益　　　　　　　　　　　　　　　　2,750,000

6 月 10 日，A 企業在碳排放權交易二級市場上購買碳配額 20 萬噸，交易價格為 46 元/噸。

借：排放配額　　　　　　　　　　　　　　　　　9,200,000
　　貸：銀行存款　　　　　　　　　　　　　　　　9,200,000

6 月 30 日，A 企業經核查后確認的實際碳排放量為 60 萬噸，履行相應的碳配額交付義務。排放配額在履約上交義務時應採用先進先出法，排放負債的帳面成本為 2,700 萬元。

履行義務前的排放配額帳面價值 = 180+2,000+275+920 = 3,375（萬元）
減少的排放配額帳面價值 = 180+2,000+275+11×46 = 2,961（萬元）
履行義務后的排放配額帳面價值 = 9×46 = 414（萬元）

借：排放負債　　　　　　　　　　　　　　　　　27,000,000
　　管理費用　　　　　　　　　　　　　　　　　　2,610,000
　　貸：排放配額　　　　　　　　　　　　　　　29,610,000

同時，應釋放遞延收益至政府補助收入帳戶。

借：遞延收益　　　　　　　　　　　　　　　　　22,750,000
　　貸：補助收入　　　　　　　　　　　　　　　22,750,000

9月20日，A企業在二級市場上出售剩餘的碳配額9萬噸，當日碳配額市場交易價格為70元/噸。當碳配額二級市場上價格大幅上漲時，企業可以在二級市場上出售持有或剩餘的碳配額。但此時的帳務處理應區別不同的情況進行處理。應合理估算企業的實際碳排放量和按規則計算的免費分配碳配額數量，再對實際碳排放量和免費分配碳排放量進行比對。

若實際碳排放量小於免費分配碳排放量，並且用於出售的配額的確來源於免費配額的節餘，此時可視作碳排放權交易機制對企業減排行為有效管理活動的激勵。其碳配額出售收入應衝減管理費用，同時衝減政府補助。具體帳務處理為：借記「銀行存款」帳戶，貸記「管理費用」帳戶；同時，借記「遞延收益」帳戶，貸記「排放配額」帳戶。

若實際碳排放量大於免費分配碳排放量，或企業用於在二級市場銷售的碳配額實際全部來自於前期在二級市場上的購買配額，此時可按投資性質的業務比對處理，通過投資收益帳務核算。

借：銀行存款　　　　　　　　　　　　　　　　　　6,300,000
　　貸：排放配額　　　　　　　　　　　　　　　　　　4,140,000
　　　　投資收益　　　　　　　　　　　　　　　　　　1,160,000

11月8日，碳排放權交易市場價格大幅回落至50元/噸，A企業在二級市場上購進碳配額10萬噸用於儲備。

借：排放配額　　　　　　　　　　　　　　　　　　5,000,000
　　貸：銀行存款　　　　　　　　　　　　　　　　　　5,000,000

A企業201×年度碳配額資產計價核算涉及的帳戶和交易記錄如圖6-2所示；企業碳配額資產明細帳如表6-3所示。

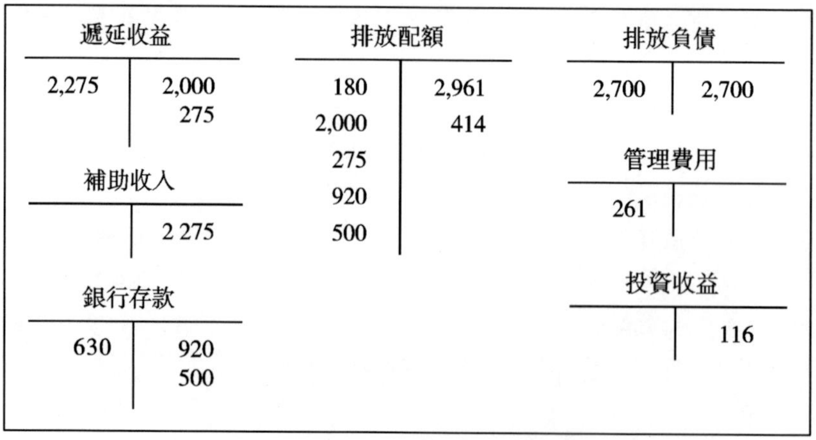

```
    遞延收益              排放配額              排放負債
  2,275 | 2,000         180  | 2,961        2,700 | 2,700
        |   275       2,000  |   414
                         275 |                 管理費用
    補助收入               920 |                  261 |
        | 2 275           500 |
                                               投資收益
    銀行存款                                        | 116
    630 |   920
        |   500
```

圖6-2　A企業201×年度碳配額資產計價核算簡圖（單位：萬元）

表 6-3　　　　　　　　　　排放配額資產明細分類帳

金額單位：萬元，數量單位：噸

201×年 月	日	憑證號碼	摘要	收入 數量	收入 單價	收入 金額	發出 數量	發出 單價	發出 金額	結存 數量	結存 單價	結存 金額
1	1		期初結存							4	45	180
3	15		配額分配	40	50	2,000				4 40	45 50	180 2,000
5	20		配額追加	5	55	275				4 40 5	45 50 55	180 2,000 275
6	10		購買配額	20	46	920				4 40 5 20	45 50 55 46	180 2,000 275 920
60	30		配額交付				4 40 5 11	45 50 55 46	180 2,000 275 506	9	46	414
9	20		出售配額				9	46	414	0	0	0
11	8		購買配額	10	50	500				10	50	500
			本年合計	79		3,695	69		3,375	10	50	500

6.2.2 企業碳配額負債的計價核算

根據本書第 3 章的研究結論，如果企業持有足夠的排放配額來履行配額交付義務，排放負債則應根據排放配額的帳面價值進行確認；如果企業持有的排放配額有缺口，缺口部分的負債應當以彌補差量所需配額的市價進行確認和計量。這種處理方法類似於存貨發出計價的先進先出法。這種方法的優勢在於容易理解也便於核算，但卻不能保證產品生產成本的一致性。生產過程中的碳排放（代表碳配額的消耗）與存貨的消耗完全不同，存貨的消耗是一種實體消耗，計入生產成本的價值應以消耗當期實體的價值為準，而碳配額只有在交付時才被實際消耗。從這個意義上講，計入生產成本的碳配額價值應以履行交付義務時加權平均的碳配額成本來計量。只有這樣，才能大體上保證各期生產成本的一致性，使相同的成本將施加於所有產品。為解決這一問題，需要引入「預期加權平均成本」的概念，即預計碳排放總量與目前持有的排放配額數量存在預期差量的情況下，碳配額加權平均成本應考慮預期差量對應碳排放權期

貨合同的購買價格或報告日當天的現行市價。

上述研究結果主要是基於年度碳配額指標在當年發放的情況下使用。由於國內碳排放權交易市場的規則通常為本年度的配額要下一年度年初才分配，因此排放負債確認時，全部碳排放量均為「預期差量」，碳配額負債的成本在年內統一按年初的市場價格計量，年末再根據市場價格進行統一調整。

201×年年初，企業上年度排放負債帳面餘額為 60 萬噸，年初碳配額市場價格為 45 元/噸，帳面成本為 2,700 萬元，年末碳配額市場價格為 55 元/噸。201×年企業分月實際碳排放量如表 6-4 所示。

表 6-4　　　　A 企業分月實際碳排放量統計表

月份	1	2	3	4	5	6	合計
碳排放量（萬噸）	6.21	7.56	5.32	6.65	7.31	5.98	
月份	7	8	9	10	11	12	
碳排放量（萬噸）	7.15	6.32	5.89	7.34	6.32	7.28	82.56

根據表 6-4 中 A 企業 201×年度各月份實際碳排放量和年初的市場價格 45 元/噸，計算 201×年度 A 企業各月份應確認的排放負債如表 6-5 所示。

表 6-5　　　　A 企業分月碳配額成本統計表

月份	1	2	3	4	5	6	合計
排放負債（萬元）	279.45	340.2	267.75	299.25	328.95	269.1	
月份	7	8	9	10	11	12	
排放負債（萬元）	321.75	311.4	265.05	330.3	329.4	327.6	3,715.2

各月份的帳務處理為：
借：生產成本——製造費用　　　　　　　　　×××
　　貸：排放負債　　　　　　　　　　　　　　×××

201×年年末，碳配額市場價格為 55 元/噸。調整 A 企業排放負債帳面金額，調整的金額計入「管理費用」，不追加溯及至各月生產成本。

年末調整前的排放負債帳面價值=45×82.56=3,715.2（萬元）
年末調整后的排放負債帳面價值=55×82.56=4,540.8（萬元）
應調整計入「管理費用」的價值=4,540.8-3,715.2=825.6（萬元）

借：管理費用　　　　　　　　　　　　　　8,256,000
　　貸：排放負債　　　　　　　　　　　　　　8,256,000

排放配額負債明細分類帳如表6-6所示。

表6-6　　　　　　　　　排放配額負債明細分類帳

金額單位：萬元，數量單位：噸

201×年		憑證號碼	摘要	借方			貸方			餘額		
月	日			數量	單價	金額	數量	單價	金額	數量	單價	金額
1	1		期初結存							60	45	2,700
1	31		配額消耗				6.21	45	279.45			
2	29		配額消耗				7.56	45	340.2			
3	31		配額消耗				5.32	45	239.4			
4	30		配額消耗				6.65	45	299.25			
5	31		配額消耗				7.31	45	328.95			
6	20		配額交付	60	45	2,700						
6	30		配額消耗				5.98	45	269.1			
7	31		配額消耗				7.15	45	321.75			
8	31		配額消耗				6.32	45	284.4			
9	30		配額消耗				5.89	45	265.05			
10	31		配額消耗				7.34	45	330.3			
11	30		配額消耗				6.32	45	284.4			
12	31		配額消耗				7.28	45	327.6	82.56	45	3,715.2
12	31		市價調整						825.6	82.56	55	4,540.8
			本年合計	60		2,700	82.56		4,540.8	82.56	55	4,540.8

6.3　產品碳配額成本核算

根據表6-4可知，A水泥製造企業201×年全年排放二氧化碳82.56萬噸。各月二氧化碳排放量情況見表6-5。以下利用其中2月份的碳排量數據，舉例說明該企業產品碳配額成本的核算方法。

6.3.1　碳配額成本分配和帳務處理

根據表6-4和表6-5可知，A水泥製造企業201×年2月排放二氧化碳7.56噸，當月確認的排放負債和應計入成本的配額成本為340.2萬元。企業環

境部門 2 月份提交的碳排放量明細報表如表 6-7 所示。據此編製的碳配額成本分配表如表 6-8 所示。

表 6-7　　　　　A 水泥製造企業 2 月碳排放量明細報表

計算單元	生產工藝過程	計算項目	計算公式	二氧化碳排放量（萬噸）
1	礦山開採	車輛運輸燃油消耗	(6)	0.18
		生產工藝過程電力消耗	(7)	0.14
		小計		0.32
2	生料制備	車輛運輸燃油消耗	(6)	0.04
		生產工藝過程電力消耗	(7)	0.11
		小計		0.15
3	熟料煅燒	車輛運輸燃油消耗	(6)	0.03
		生產工藝過程電力消耗	(7)	0.12
		生料中碳酸鹽礦物分解	(1)、(2)	4.73
		生料中有機碳燃燒	(3)	0.6
		生產工藝過程實物煤燃燒	(4)	0.47
		生產工藝過程替代燃料消耗	(5)	0.28
		窯爐啓動點火燃油消耗	(6)	0.08
		餘熱發電量（為二氧化碳減排）	(8)	-0.04
		小計		6.27
4	水泥粉磨、包裝及發送	車輛運輸燃油消耗	(6)	0.19
		生產工藝過程電力消耗	(7)	0.15
		生產工藝過程實物煤燃燒	(4)	0.48
		小計		0.82
		合計		7.56

在表 6-7 中，2 月份碳排放負債的單價為 45 元/噸，故石灰石產品碳排放 0.32 萬噸，分配的碳配額成本為 14.4 萬元；生料產品碳排放 0.15 萬噸，分配的碳配額成本為 6.75 萬元；熟料產品碳排放 6.27 萬噸，分配的碳配額成本為 282.15 萬元；水泥產品碳排放 0.82 萬噸，分配的碳配額成本為 36.9 萬元。但

由於企業制成車間同時生產 P.S32.5 水泥（礦渣）、P.O32.5 水泥（普通）兩種型號的水泥產品，故應根據兩種型號水泥的單位消耗定額分配計入。

$$\text{分配率} = \frac{369,000}{24,000 + 39,200} = 5.838,6$$

表 6-8　　　　A 水泥製造企業 2 月碳配額成本分配表　　金額單位：萬元

應借科目			共同耗用碳配額分配					直接耗用碳配額	碳配額成本總額
總帳及二級科目	明細科目	成本項目	產量（噸）	單位消耗定額	定額耗用量	分配率	應分配的配額		
生產成本 ——基本生產	石灰石	碳配額						14.4	14.4
	生料	碳配額						6.75	6.75
	熟料	碳配額						282.15	282.15
	水泥 I	碳配額	30,000	0.8	24,000	5.838,6	14.01		14.01
	水泥 II	碳配額	56,000	0.7	39,200	5.838,6	22.89		22.89
合計									340.20

根據表 6-8 進行帳務處理如下：

借：生產成本——基本生產成本——石灰石　　　　144,000
　　生產成本——基本生產成本——生料　　　　　67,500
　　生產成本——基本生產成本——熟料　　　　　2,821,500
　　生產成本——基本生產成本——水泥 I　　　　140,100
　　生產成本——基本生產成本——石灰 II　　　　228,900
貸：排放負債　　　　　　　　　　　　　　　　　3,402,000

6.3.2　產品成本計算和帳務處理

石灰石產品成本計算單（明細帳）如表 6-9 所示。

表 6-9　　　　　　　產品成本明細帳（石灰石）　　　　　　單位：元

月	日	摘要	產量（噸）	材料成本	人工成本	碳配額成本	製造費用	合計
2	29	原材料分配表		72,000				72,000
2	29	動力電分配表		90,000				90,000
2	29	工資分配表			63,158			63,158
2	29	碳配額分配表				144,000		144,000
2	29	製造費用分配表					232,120	232,120
2	29	本月生產費用合計	36,000	162,000	63,158	144,000	232,120	601,278
2	29	完工轉出	-36,000	-162,000	-63,158	-144,000	-232,120	-601,278

6　產品碳配額成本核算的模擬應用　97

生料產品成本計算單（明細帳）如表 6-10 所示。

表 6-10　　　　　　　　　　產品成本明細帳（生料）　　　　　　單位：元

月	日	摘要	產量(噸)	材料成本	人工成本	碳配額成本	製造費用	合計
2	1	月初結存	6,000	213,390	7,500	4,020	40,500	265,410
		石灰石成本轉入		601,278				601,278
2	29	原材料分配表		2,491,741				2,491,741
2	29	動力電分配表		718,200				718,200
2	29	工資分配表			136,800			136,800
2	29	碳配額分配表				67,500		67,500
2	29	製造費用分配表					711,590	711,590
		本月發生	99,750	3,810,949	136,800	67,500	711,590	
2	29	本月生產費用合計	105,750	4,024,339	144,300	71,520	752,090	4,992,249
2	29	完工轉出	-100,750	-3,834,063	-137,477	-68,138	-716,530	-4,756,208
2	29	月末結存	5,000	190,276	6,823	3,382	35,560	236,041

熟料產品成本計算單（明細帳）如表 6-11 所示。

表 6-11　　　　　　　　　　產品成本明細帳（熟料）　　　　　　單位：元

月	日	摘要	產量(噸)	材料成本	人工成本	碳配額成本	製造費用	合計
2	1	月初結存	4,000	634,768	5,200	171,000	24,000	834,968
2	29	半成品生料轉入		4,756,208				4,756,208
2	29	原材料分配表		8,520				8,520
2	29	動力電分配表		831,600				831,600
2	29	煤粉分配表		4,082,135				4,082,135
2	29	工資分配表			85,500			85,500
2	29	碳配額分配表				2,821,500		2,821,500
2	29	製造費用分配表					413,850	413,850
		本月發生	85,500	9,678,463	85,500	2,821,500	413,850	12,999,313
2	29	本月生產費用合計	90,700	10,313,231	90,700	2,992,500	437,805	13,834,236
2	29	完工轉出	-84,221	-10,115,318	-84,221	-2,778,750	-406,533	-13,384,822
2	29	月末結存	6,479	197,913	6,479	213,750	31,272	449,414

水泥產品Ⅰ成本計算單（明細帳）如表 6-12 所示。

表 6-12　　　　　　　　產品成本明細帳（水泥Ⅰ）　　　　　　單位：元

月	日	摘要	產量（噸）	材料成本	人工成本	碳配額成本	製造費用	合計
		半成品熟料轉入		4,669,124				4,669,124
2	29	原材料分配表		390,700				390,700
2	29	動力電分配表		540,000				540,000
		干渣成本轉入		431,947				431,947
2	29	工資分配表			55,674			55,674
2	29	碳配額分配表				140,100		140,100
2	29	製造費用分配表					225,680	225,680
2	29	本月生產費用合計	30,000	6,031,771	55,674	140,100	225,680	6,453,225
2	29	完工轉出	−30,000	−6,031,771	−55,674	−140,100	−225,680	−6,453,225

水泥產品Ⅱ成本計算單（明細帳）如表 6-13 所示。

表 6-13　　　　　　　　產品成本明細帳（水泥Ⅱ）　　　　　　單位：元

月	日	摘要	產量（噸）	材料成本	人工成本	碳配額成本	製造費用	合計
		半成品熟料轉入		8,715,698				8,715,698
2	29	原材料分配表		670,300				670,300
2	29	動力電分配表		1,008,000				1,008,000
		干渣成本轉入		305,417				305,417
2	29	工資分配表			103,926			103,926
2	29	碳配額分配表				228,900		228,900
2	29	製造費用分配表					419,120	419,120
2	29	本月生產費用合計	56,000	10,699,415	103,926	228,900	419,120	11,451,361
2	29	完工轉出	−56,000	−10,699,415	−103,926	−228,900	−419,120	−11,451,361

6.3.3　產品碳配額成本還原

根據表 6-12 和表 6-13 的數據，由於 A 水泥製造企業採用的是分步法核算水泥最終產品的成本，水泥Ⅰ、水泥Ⅱ成本項目中的碳配額成本並非完整的產品碳配額，石灰石、半成品生料和半成品熟料成本中的碳配額隱含在最終水泥產品的材料成本中。因此，需要進行碳配額的成本還原，從而得到 A 水泥製造企業 2 月份最終完工產品完整的碳配額成本信息。碳配額成本還原示意圖

如圖 6-3 所示。

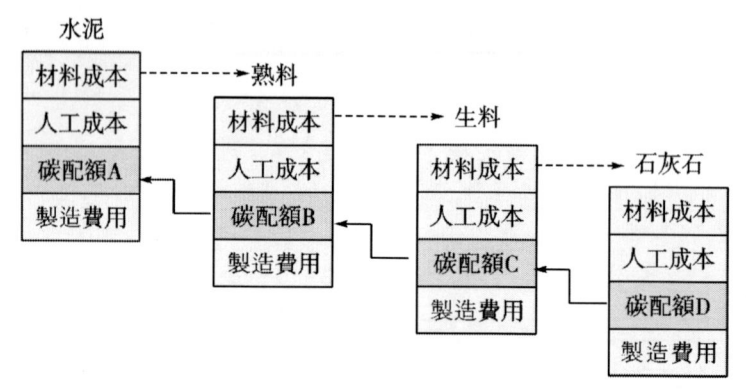

圖 6-3 碳配額成本還原示意圖

水泥Ⅰ、水泥Ⅱ的成本還原表編製如表 6-14 和表 6-15 所示。

表 6-14　　　　　　　　　水泥Ⅰ成本還原表　　　　　　　　單位：元

成本項目	還原前成本	本月完工熟料成本	熟料成本還原率	水泥中熟料成本	本月完工生料成本	生料成本還原率	水泥中生料成本	本月完工石灰石成本	石灰石成本還原率	水泥中石灰石成本	還原後水泥總成本
熟料	4,669,124		0.348,8	-4,669,124							
生料		4,664,935		1,627,129		0.342,1	-1,627,129				
石灰石					573,800		196,297		0.326,5	-196,297	
材料	1,362,647	5,450,383		1,901,094	3,260,263		1,115,336	162,000		52,893	4,431,970
人工	55,674	84,221		29,376	137,477		47,031	63,158		20,621	152,702
碳配額	140,100	2,778,750		969,228	68,138		23,310	144,000		47,016	1,179,654
製造費用	225,680	406,533		142,297	716,530		245,155	232,120		75,767	688,899
合計	6,453,225	13,384,822			4,756,208			601,278			6,453,225

表 6-15　　　　　　　　　水泥Ⅱ成本還原表　　　　　　　　單位：元

成本項目	還原前成本	本月完工熟料成本	熟料成本還原率	水泥中熟料成本	本月完工生料成本	生料成本還原率	水泥中生料成本	本月完工石灰石成本	石灰石成本還原率	水泥中石灰石成本	還原後水泥總成本
熟料	8,715,698		0.651,2	-8,715,698							
生料		4,664,935		3,037,806		0.638,7	-3,037,806				
石灰石					573,800		366,486		0.609,5	-366,486	
材料	1,983,717	5,450,383		3,549,289	3,260,263		2,082,330	162,000		98,739	7,714,075
人工	103,926	84,221		54,885	137,477		87,806	63,158		38,495	285,112
碳配額	228,900	2,778,750		1,809,522	68,138		43,520	144,000		87,768	2,169,710
製造費用	419,120	406,533		264,196	716,530		457,664	232,120		141,484	1,282,464
合計	11,451,361	13,384,822			4,756,208			601,278			11,451,361

6.4 產品碳配額成本分析

6.4.1 產品碳配額成本的結構分析

利用產品碳配額成本核算的數據信息，可以在多個層面對製造企業的生產經營活動和碳減排活動進行分析。我們既可以對產品成本中的碳配額成本比重進行分析，辨識每種產品成本對碳配額成本變化的敏感性和減排空間大小，又可以對產品碳配額成本的結構進行分析，發現產品碳排放和碳配額消耗的重點環節以採取針對性的措施進行管理。同時，我們還可以進行基於歷史數據的環比分析，基於同行數據的對比分析，基於責任成本的責任分析等。本案例只涉及 A 企業 2 月份的數據，故以下僅對產品成本中的碳配額成本比重以及產品碳配額成本的結構進行分析。

產品成本中的碳配額成本比重分析如表 6-16 所示。

表 6-16　　　　　產品成本中的碳配額成本比重分析　　　　　單位：元

產品名稱	產量（噸）	總成本	單位成本	總碳配額成本	單位碳配額成本	碳配額成本比重
水泥 I	3,000	6,453,225	2,151.08	1,179,654	393.22	18.28%
水泥 II	5,600	11,451,361	2,044.89	2,169,710	387.45	18.94%
合計	8,600	17,904,586	—	3,349,364	—	—

從產品成本中的碳配額成本比重來看，A 製造企業水泥 I 產品的單位碳配額成本為 393.22 元/噸，水泥 II 產品的單位碳配額成本為 387.45 元/噸。水泥 I 產品的碳配額成本比重為 18.28%，水泥 II 產品的碳配額成本比重為 18.94%。從單位碳配額成本數額來看，水泥 I 產品的碳配額成本較高，但從成本結構來看，水泥 II 產品碳配額成本占總成本的比重較高。因此，水泥 II 產品成本受碳配額成本變化的敏感性更高，而水泥 I 產品相對減排的空間更大。

產品碳配額成本的結構分析如表 6-17 所示。

表 6-17　　　　　　產品碳配額成本的結構分析　　　　　單位：元

責任中心	爆破車間 石灰石	原料車間 生料	原料車間 熟料	制成車間 水泥	碳配額成本
水泥 I	47,016	23,310	969,228	140,100	1,179,654
水泥 II	87,768	43,520	1,809,522	228,900	2,169,710
合計	134,784	66,830	2,778,750	369,000	3,349,364

從產品碳配額成本的結構來看，A 製造企業 2 月份水泥產品的碳配額成本為 3,349,364 元，其中爆破車間生產石灰石環節產生的碳配額為 134,784 元，原料車間生產生料和熟料環節的碳配額分別為 66,830 元和 2,778,750 元，制成車間的水泥制成環節的碳配額為 369,000 元。水泥 I、水泥 II 兩種產品在各環節消耗的碳配額比重相差不大，但熟料生產環節的碳配額成本明顯高於其他環節，占碳配額總成本的 82.96%，其他各環節的碳配額成本占 17.04%。這也說明了在水泥製造企業的碳排放中，碳排放主要來源於熟料生產環節的工藝排放，而其他環節產生的碳排放主要是電力消耗產生的間接碳排放。因此，從碳配額成本控制的角度來看，熟料生產環節的碳排放管理是其重點。

6.4.2　碳減排決策的本量利分析

碳配額交易機制下減排決策的本量利分析是在將減排成本按照成本性態的標準分為固定成本和變動成本兩類（混合成本經分解後分別歸入兩類之中）的基礎上，分析減排成本、減排收入和減排利潤三者間的數量依存關係，並進行預測和決策的會計方法。

6.4.2.1　減排成本

廣義的減排成本泛指企業在生產經營活動中發生的所有與減排活動相關的費用和支出；狹義的減排成本專指在特定的減排決策中，為減少碳排放而使用與環保有關的新設施、新設備，或採用環保新工藝、新技術而增加的成本。本書主要從管理會計的角度分析狹義的減排成本，根據其成本性態的不同分為固定減排成本和變動減排成本。固定減排成本是指做出減排決策後，每期新增的固定成本，如新增減排設施設備的折舊費用、固定的維護運行和管理費用等；變動減排成本是指做出減排決策後，與作業量增減同步變化的減排成本，如新增減排設施設備的機物料消耗、與減排有關的變動人工成本等。

6.4.2.2 減排收入

廣義的減排收入泛指企業在生產經營活動中通過減排活動而產生的各種直接或間接的收入；狹義的減排收入專指在碳排放權交易的背景下，特定的減排決策使實際碳排放量減少，從而節約的碳排放權成本。本書主要從管理會計的角度分析狹義的減排收入，碳配額交易的經濟實質是將企業環境污染的外部成本，用總量控制和配額交易機制轉化為企業的內部成本。在財務會計領域，碳排放權成本通常視為排放成本的一部分，但從減排決策的角度來看，應嚴格區分排放成本和減排成本。由於碳排放量減少而節約的碳排放權成本，在減排決策時應該歸屬於減排決策帶來的收入。其收入的具體測算，一方面取決於減排後單位作業量所能節約的碳排放量，另一方面取決於碳排放權的市場價格。

6.4.2.3 減排利潤

在做出特定的減排決策前，需要衡量減排行為和措施能否產生經濟效益，或者減排行為對利潤的影響。減排利潤的主要因素是減排收入和減排成本，可以用公式（10）表示。在公式（10）中，P 為特定的減排決策在一定經營期間內所能產生的減排利潤，m_0 和 m_1 分別為做出減排決策前後單位生產量的碳排放量，p 為碳排放權的市場價格，b 和 a 分別為變動減排成本和固定減排成本，x 代表作業量，是導致成本和收入發生變化的主要因素。將公式（10）做進一步簡化，令 M 為減排決策後單位產量所能實現的碳減排量（$M=m_1-m_0$），可得到公式（11）。公式（11）是排放權交易機制下特定減排決策的本量利分析基本公式，其中（$Mp-b$）是公式的核心要素，是減排行為的單位邊際貢獻。通過公式（11），可以清楚地看出減排成本、作業量和減排利潤三者之間的數量關係。公式共涉及6個變量，即減排利潤、作業量、排放權價格、單位產量的減排量、減排的固定成本和變動成本。如果其中的5個變量被賦予了確定的數值，其他變量的值也就可以確定。這種數量關係及分析方法對於排放權交易機制下的企業減排決策具有一定的參考價值。

$$P = (m_1 - m_0)px - (bx + a) \tag{10}$$

$$P = (Mp - b)x - a \tag{11}$$

例如，A企業生產某種單一產品，在現有的生產條件下，單位產品的碳排放量為0.5噸/件，碳排放權的市場價格為60元/噸。企業目前可以引進環保設備並更新現有的工藝水平，經測算發現，更新改造後單位產品的碳排放量可降低至0.2噸/件，單位產量的變動減排成本為6元/件，需新增年減排固定成本5萬元。此外，為體現企業履行環境責任、促進環境保護的良好形象，企業減排決策的目標減排利潤為-30,000元至10,000元。

結合 A 企業的情況，首先進行盈虧臨界點分析。減排決策中的盈虧臨界點也稱為保本點，是指減排總收入和減排成本正好相等時的生產量，即減排利潤為零時的生產量。盈虧臨界點對於企業減排決策而言是非常有用的信息，可以作為分析判斷減排措施或行動是否可以創造經濟效益的依據。如果企業未來的生產經營規模超過減排盈虧臨界點，則企業的減排決策是有利可圖的；而如果企業未來的生產經營規模小於減排盈虧臨界點，則減排決策會使企業遭受經濟上的損失。根據 A 企業的資料，令 P 為零，計算減排決策后的減排盈虧臨界點如下：

$x = (P + a)/(Mp - b) = 50,000/(0.3 \times 60 - 6) = 4,167(件)$

根據計算結果分析，該企業做出減排決策后，未來特定期間內的產量至少要達到 4,167 件，才能確保引進環保設備和更新工藝技術能夠為企業創造收益。當然，從促進環境保護的角度來看，企業採取減排的行動不一定單純以經濟效益最大化為目標，同時也會有生態和社會效益等其他方面的考慮，而且減排收入也不一定局限於碳排放權成本的節約等顯性收入。因此，減排決策下的減排盈虧臨界分析只能作為最終決策的參考依據。

盈虧臨界分析在本量利分析中較多地體現為一種安全分析，企業生產經營不是為了實現盈虧平衡，而是為了獲取利潤，因此目標利潤下的本量利分析顯得更為重要。但在減排決策時，企業出於履行環境責任、實現環境保護的目的，通常願意在一定範圍內犧牲經濟代價來進行節能減排，此時減排的目標利潤可以視情況設置為負值。結合 A 企業的情況，目標減排利潤可以接受的範圍為 -30,000 元至 10,000 元。分別計算減排目標利潤為 -30,000 元和 10,000 元的保利點如下：

$x = (P + a)/(Mp - b) = (-30,000 + 50,000)/(0.3 \times 60 - 6) = 1,667(件)$
$x = (P + a)/(Mp - b) = (10,000 + 50,000)/(0.3 \times 60 - 6) = 5,000(件)$

根據計算結果分析，該企業做出減排決策后，未來特定期間內的產量只要達到 1,667~5,000 件的水平，就能確保引進環保設備和更新工藝技術帶來的減排利潤或損失在企業可以接受的範圍之內。由於減排決策蘊含經濟和環保多重目標的特殊性，減排決策中的盈虧臨界點有可能高於保利點，這是減排決策本量利分析的一大特點。

當企業減排決策的目標利潤確定以後，還要根據企業的生產能力、目標成本和產量等情況進行各種分析評價，看其是否能夠達到減排目標利潤的要求。本量利分析是一種多變量的分析方法。各個變量對分析結果的影響程度不盡相同。專門分析各個變量對分析結果的影響程度的方法之一就是本量利分析結果

的敏感性分析。在減排決策的本量利分析過程中，如果某個變量對於本量利分析結果的影響程度高，則稱為減排決策對於該因素的敏感性程度較高；反之亦然。反應敏感性程度高低可以用敏感性系數作為指標。結合上例，若企業的保利點為 10,000 元，令 Qp、QM、Qx、Qb、Qa 分別為碳排放權價格、單位減排量、產量、減排變動成本和減排固定成本的利潤敏感性系數，計算公式和結果如下：

$Qp = (\Delta P/P)/(\Delta p/p) = Mpx/P = 0.3 \times 60 \times 5,000/10,000 = 9$

$QM = (\Delta P/P)/(\Delta M/M) = Mpx/P = 0.3 \times 60 \times 5,000/10,000 = 9$

$Qx = (\Delta P/P)/(\Delta x/x) = (Mp - b)x/P = (0.3 \times 60 - 6) \times 5,000/10,000 = 6$

$Qb = -(\Delta P/P)/(\Delta b/b) = bx/P = -6 \times 5,000/10,000 = -3$

$Qa = -(\Delta P/P)/(\Delta a/a) = a/P = -50,000/10,000 = -5$

根據上述計算結果，各因素對減排利潤的敏感程度的次序為 p、M、x、b、a。其中，碳排放權價格和單位減排量的敏感性系數值最高，產量和減排變動成本的敏感性次之，減排固定成本的敏感性最低。在實際工作中，企業應根據本單位的生產能力、生產成本以及市場對產品的供需情況進行各種調研和測算，看其是否能達到目標減排利潤的要求。如果不能達到，就應針對影響減排利潤高低的各個因素想方設法，採取措施，挖掘潛力，以保證目標減排利潤的實現，盡可能做出利於減排的生產決策。

結合敏感性分析來考察減排決策本量利模型的變量，碳排放權價格雖然敏感性系數較高，但企業對該變量的可控性較差。在中國碳排放權交易市場新建的初期，排放權交易的價格極有可能出現大幅波動的狀況，會給企業減排決策帶來風險，但隨著限碳的壓力日益加大，從長遠來看，碳排放權的市場價格趨勢會不斷向上，而碳排放權的價格越高，企業減排的動力越大，減排效益越明顯。此外，企業還可以通過碳排放權的遠期合約交易，固定碳排放權的成本和收益，規避其價格波動對企業利潤的影響。單位減排量和減排成本的可控性較好，是企業應著重考察的因素。不同減排方案的減排效果和減排成本肯定存在差異，但由於單位減排量的利潤敏感性系數顯著高於固定和變動減排成本的敏感性系數，因此企業在權衡不同減排方案時，如果各方案的減排成本差距不大，應優先考慮減排效果較好的方案。

中國碳配額交易機制的推行，給企業帶來了新的機遇和挑戰。在碳配額總量控制和交易的運行機制下，減排活動不再僅僅是企業履行社會和環境責任的外部性需要，而是企業適應低碳發展、獲取減排利潤的內部性需要。在碳排放權交易機制下，各排放企業要麼更新技術工藝水平加大減排的力度，要麼在市

場上購買更多的配額以滿足履行配額交付義務的需要。本書的貢獻在於構建了減排成本和收入的本量利模型，闡述了各變量間的數量依存關係，從而更加直觀、清晰地反應了減排決策中的利潤實現路徑和選擇減排方案的衡量標準，為企業的減排決策提供了一種簡便易行的分析工具。

7　產品碳配額成本核算的實施意願調查

　　截至 2013 年年底，中國已有深圳、北京、上海、天津、廣東等地實質性地開展了碳排放權交易，全國統一的碳排放權交易市場計劃也於 2016 年開始試運行，中國最終將形成全國性的以碳配額總量控制為前提的碳配額交易和管理制度體系[①]。在此背景下，碳排放權交易背景下的會計問題也逐步被提上議事日程。對於製造企業而言，碳配額成本無疑是企業外部環境成本內部化的具體體現，碳配額支出在會計上究竟是費用化處理，還是成本化處理，對學術界和實務界而言都是一個重要而現實的課題。本書的目的就是廣泛調研實務界的意見和建議，充分瞭解企業對實施產品碳配額成本核算的意願，分析其影響因素；同時，徵求學術界對碳配額計價和產品碳配額成本核算等問題的意見，以期為製造企業產品碳配額成本核算的推廣和實施工作提供一定的參考。

7.1　問卷設計

　　本書的調查問卷的對象主要是製造企業的財會人員。問卷通過了預調查和修改后最終確定。調查問卷分為兩部分：第一部分是引言和調查背景簡介，介紹了中國推行碳排放權交易制度的背景和當前開展碳排放權交易的現狀及未來形勢；提出企業參與碳排放權交易后可能面臨的主要會計問題，特別是製造企業的碳配額支出將面臨「費用化」或「成本化」的選擇問題，讓被調查者瞭解問卷所要調查的主題。第二部分是調查的問題部分。

　　針對企業財會人員的問題分為三個部分：第一部分是受訪企業財會人員的基本情況，包括職稱、年齡、從業年限、是否從事過成本核算和管理工作等信

---

① 班建偉. 全國統一碳排放權交易市場將於 2016 年試運行 [N]. 21 世紀經濟報. 2014-09-02.

息；第二部分是所在企業的相關信息，包括企業所處的行業類型、企業是否屬於高排放類型、企業上年的銷售規模、企業的職工總數、企業環境管理體系的完善程度、企業管理當局的環保意識、企業管理當局對會計信息的重視和利用程度、企業所在地區外部環境管制的狀況；第三部分是受訪財會人員對碳排放權交易會計處理的看法，其中包括對財會人員實施產品碳配額成本的意願調查，其核心問題是「您認為製造企業的碳配額支出是否應計入產品生產成本」，無論被調查者表示「是」還是「否」，都需說明其具體理由。

7.2 模型構建與變量說明

7.2.1 模型構建

為了更好地瞭解企業財會人員實施產品碳配額成本核算的意願以及相關因素對其意願的影響，本書採用 Logistic 迴歸分析的統計學方法進行分析。通常，在統計分析中，需要研究因變量 Y 和相關解釋變量 X 間的關聯關係。由於本書中的因變量為分類性質的變量，即定義「願意實施產品碳配額成本核算＝1」，反之定義其為 0，因此本書採用二分類的 Logistic 迴歸模型來研究所要解決的問題，分析各個解釋變量的顯著性程度和影響作用的大小。

Logistic 理論模型的基本形式如下：

$$\text{Logit}(P) = \ln\left(\frac{p}{1-p}\right) = \beta_0 + \beta_1 X_1 + \beta_2 X_2 + \cdots + \beta_i X_i = \beta_0 + \sum \beta_i X_i$$

其中，P 為企業財會人員願意實施產品碳配額成本核算的概率，$1-P$ 為不願意實施的概率；X_i 為解釋變量，β_0 為常數，β_1、β_2、…、β_i 為迴歸系數；i 是自變量的數量，可以發現模型中的 $\text{Logit}(P)$ 與代表影響因素的解釋變量之間是線性關係。由 $\text{Logit}(P) = \ln\left(\frac{p}{1-p}\right) = \beta_0 + \sum \beta_i X_i$ 可知，$\frac{p}{1-p} = \exp(\beta_0 + \sum \beta_i X_i)$，進一步可以推導出 $p = \dfrac{1}{1+\exp[-(\beta_0 + \sum \beta_i X_i)]}$。可以發現，影響因素變量 X_i 增加或減少時，概率 P 也隨之變化，這種增加和減少的變化是非線性的，是典型的增長函數。因此，在分析時不僅要關注迴歸系數 β，還要重點關注發生比 $\exp(\beta)$，即 X_i 變化對 $\dfrac{p}{1-p}$ 的影響。

7.2.2 變量說明

本書中涉及的解釋變量主要包括企業財會人員特徵因素、企業特徵因素和外部環境管理因素三個方面。財會人員特徵因素包括職稱、學歷、從業年限等；企業特徵因素包括企業規模、環境管理體系的建立和實施情況、企業管理層對環境管理的重視程度、企業管理層對財務成本信息的重視和利用程度等；外部環境管理因素包括企業所在地區環境管制的寬松程度。結合調查的具體情況，本書提出以下假設：一是財會人員的職稱、學歷和從業年限對實施產品碳配額成本核算的意願有影響。財會人員的職稱、學歷較高或者從業年限較長，其對產品成本核算的認識越深刻，越願意實施產品碳配額成本核算。二是企業的行業性質和規模大小對實施產品碳配額成本核算有影響。高排放的企業或規模較大的企業，碳配額成本核算的決策相關性較大。三是企業內部環境管理質量的好壞對實施產品碳配額成本的意願有影響。由於碳排放量的準確測算是產品成本核算的基礎工作，因此企業內部環境管理質量直接影響財會人員實施碳成本核算的意願。四是企業成本核算制度與執行情況越好，說明企業管理層對財務成本信息的重視和利用程度越高，財會人員實施產品碳配額成本的意願就越強。五是企業所在地區外部環境管制的力度越大，企業披露碳排放及其成本信息的動機就越強烈。

模型解釋變量與定義如表 7-1 所示。

表 7-1　　　　　　　　　模型解釋變量與定義

變量性質	變量	變量名稱	變量定義
因變量	Y	是否願意開展碳配額成本核算	是 = 1，否 = 0
自變量	X_1	財會人員的職稱	高級 = 2，中級 = 1，初級 = 0
	X_2	財會人員的學歷	博士 = 4，碩士 = 3，本科 = 2，專科 = 1，中專 = 0
	X_3	財會人員的從業年限	20 年以上 = 2，10~20 年 = 1，10 年以下 = 0
	X_4	企業是否屬於高排放行業	是 = 1，否 = 0
	X_5	企業規模大小	大型企業 = 2，中型企業 = 1，小型企業 = 0
	X_6	企業環境管理體系認證	已認證 = 1，未認證 = 0
	X_7	企業成本核算制度與執行狀況	好 = 2，中 = 1，差 = 0
	X_8	企業外部環境管制狀況	嚴格 = 2，較嚴格 = 1，一般 = 0

7.3 描述性統計分析

本次調查的對象是製造行業企業的財會人員，主要採用電子郵件發送和回收調查問卷的方式進行，對部分受訪財會人員採用郵寄調查問卷、實地走訪並發放調查問卷的方式。在綜合考慮東部、中部、西部地區平衡和行業平衡等因素的基礎上，共發送調查問卷350份，實際回收調查問卷113份，分別分佈在水泥、木材、鋼鐵、有色、化工、食品、機械、電子、紡織、造紙、服裝11個製造業行業。被調查企業所屬行業的分佈情況如圖7-1所示。

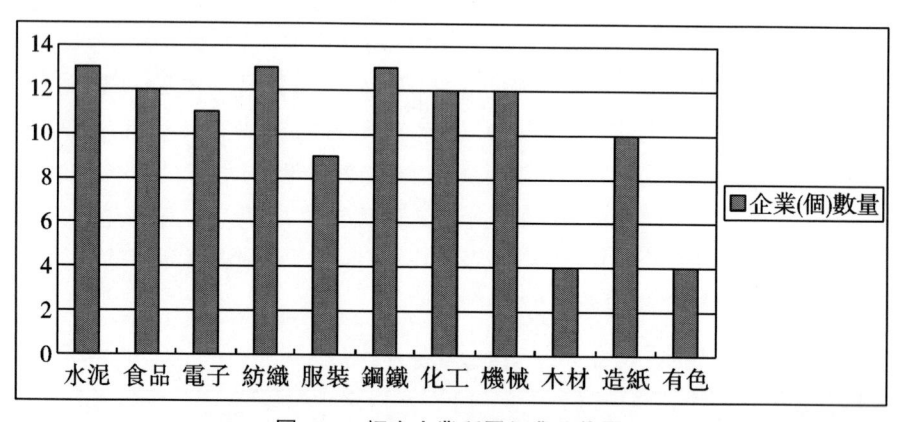

圖7-1 調查企業所屬行業分佈圖

7.3.1 是否願意實施碳配額成本的財會人員及其企業特徵比較

在表7-2中，從受訪財會人員的職稱特徵來看，高級職稱財會人員實施產品碳配額成本核算的意願比較明顯，其實施意願比為29：4；中級職稱財會人員實施產品碳配額成本核算的意願比大體相當，其實施意願比為33：29；初級職稱財會人員實施產品碳配額成本核算的實施意願比為7：11，即傾向碳配額支出期間費用化的人數多於計入產品成本的人數。從受訪財會人員的學歷特徵來看，研究生學歷和本科學歷的財會人員實施產品碳配額成本核算的意願比較明顯，其實施意願比分別為31：0和23：11；大專及中專學歷財會人員傾向碳配額支出期間費用化的人數明顯多於計入產品成本的人數，其碳配額成本核算的實施意願比分別為15：21和0：12。從受訪者的從業年限來看，從業年限

20 年及以上的財會人員實施產品碳配額成本核算的意願比較明顯，其實施意願比為 38：5；而從業年限低於 20 年的財會人員傾向碳配額支出期間費用化的人數多於計入產品成本的人數。從受訪財會人員所在企業的特徵來看，無論是大型、中型還是小微型企業，其財會人員願意實施產品碳配額成本核算的比例均高於期間費用化的比例，但中型和小微型企業財會人員的實施意願比沒有明顯差距。無論是否屬於高排放類型的企業，其財會人員願意實施產品碳配額成本核算的比例也均高於期間費用化的比例，但低排放企業財會人員的實施意願比沒有明顯差距。此外，通過環境管理質量體系認證的企業財會人員實施產品碳配額成本核算的意願比明顯較高，其意願比為 37：11。

表 7-2　　是否願意實施碳配額成本核算財會人員特徵比較

變量		是否願意實施產品碳配額成本核算			
		是		否	
財會人員特徵：					
職稱	高級	29	25.66%	4	3.54%
	中級	33	29.20%	29	25.66%
	初級	7	6.19%	11	9.73%
學歷	研究生	31	27.43%	0	0.00%
	本科	23	20.35%	11	9.73%
	大專	15	13.27%	21	18.58%
	中專及以下	0	0.00%	12	10.62%
從業年限	20 年及以上	38	33.63%	5	4.42%
	10~20 年	17	15.04%	22	19.47%
	10 年及以下	14	12.39%	17	15.04%
所在企業特徵：					
企業規模	大型	21	18.58%	2	1.77%
	中型	35	30.97%	29	25.66%
	小微型	13	11.50%	13	11.50%
是否為高排放企業	是	27	23.89%	15	13.27%
	否	42	37.17%	29	25.66%

表7-2(續)

變量		是否願意實施產品碳配額成本核算			
		是		否	
是否通過環境管理質量體系認證	是	37	32.74%	11	9.73%
	否	32	28.32%	33	29.20%

7.3.2 受訪財會人員對碳排放權交易會計處理的看法

首先，受訪財會人員對中國目前推行的碳排放權交易制度瞭解的程度還不夠，其中基本瞭解的占21.56%，一般瞭解或不瞭解的占78.44%。這說明大部分的財會人員對碳排放權交易制度缺少足夠的認識，一方面是中國的碳排放權交易制度還在探索和初建階段，另一方面是現有的會計政策宣傳和企業會計人員后續教育很少涉及碳排放權交易會計的相關內容。

其次，認為碳排放權交易是比較重要的會計研究領域的受訪財會人員占68.42%，認為針對碳排放權交易及時出抬相應的會計規範的財會人員占85.94%。這說明中國企業財會人員普遍認識到碳排放權交易將對會計核算工作產生重要影響，也說明現有會計準則和制度對碳排放權交易涉及的會計事項指導性不夠，需要出抬更有針對性和可操作性的規範來指導相關實務。

再次，在113個被調查的企業財會人員中，有61.1%的財會人員表示願意實施產品碳配額成本核算，有38.9%的財會人員表示採用碳配額支出期間費用化的簡易處理方式進行會計核算。這說明大部分企業財會人員意識到了碳配額支出在產品成本結構中的重要性，也說明了大部分企業對成本核算和管理的重視程度，成本核算會計信息的利用率較高。

最后，願意實施產品碳配額成本核算的財會人員，其闡述的理由主要是碳配額成本核算可以提供符合決策相關的成本會計信息；而不願意實施產品碳配額成本核算的財會人員，其闡述的理由主要是碳配額成本核算的處理程序比較複雜，不符合會計核算的成本效益原則。對於實施產品碳配額核算工作的難點問題，大部分的受訪者都選擇了調查問卷關於碳配額計價、碳排放量測算和成本核算系統設計等選項，也有部分受訪者提出了財務會計核算工作量過多、碳測量技術運用困難、財會機構人員設置不足等困難也是影響製造企業開展產品碳配額成本核算工作的難點。

7.4 模型估計結果及解釋

7.4.1 模型估計結果

本書的研究使用SPSS19.0軟件對模型進行了估計，採用全部變量強制進入法，結果見表7-3。從估計結果來看，該模型的擬合程度較好，其中X^2值顯著（$P<0.05$），模型總體預測正確率達到61.1%，模型的預測效果尚可接受。根據模型估計的結果，企業財會人員是否願意實施產品碳配額成本核算的主要影響因素及其顯著性和影響程度總結歸納如表7-3所示。

表7-3　　　　　　　　　模型估計結果

變量	B	$S.E.$	Wals	df	Sig.	$Exp(B)$
X_1	3.641	1.734	4.411	1	0.036**	38.144
X_2	3.847	1.606	5.735	1	0.017**	46.861
X_3	1.755	1.593	1.213	1	0.271	5.781
X_4	-1.679	2.225	0.569	1	0.451	0.187
X_5	-1.071	1.725	0.386	1	0.535	0.343
X_6	1.858	2.317	0.643	1	0.423	6.408
X_7	7.587	3.170	5.729	1	0.017**	1.758
X_8	3.121	1.856	2.829	1	0.093*	22.680
常量	-27.698	10.438	7.041	1	0.008	0.000

註：** 代表在5%的水平上顯著；* 代表在10%的水平上顯著

7.4.2 對模型估計結果的解釋

第一，從描述企業財會人員特徵的變量來看，學歷和職稱變量對財會人員實施產品碳配額成本核算的意願有比較重要的影響，在5%的水平上顯著。從業年限變量的影響不顯著。相比較而言，學歷和職稱較高的財會人員更傾向於實施產品碳配額成本核算。

第二，從財會人員所在企業的特徵變量來看，企業所屬行業是否為高排放和企業規模兩個變量的係數值為負，並且影響不顯著，說明與原假設不符，也

說明企業財會人員是否願意實施產品碳配額成本核算，與企業是否屬於高排放企業和企業的規模大小關係不密切。企業是否通過環境管理體系認證變量的系數值為正，但同樣影響不顯著。

第三，從企業管理當局對企業財務成本信息的重視和利用程度來看，成本核算制度與執行狀況變量的影響較為重要，在5%的水平上顯著，說明財會人員是否願意實施產品碳配額成本核算，很大程度上取決於企業成本核算與管理工作的現狀，即在成本管理工作基礎較好的企業相對容易實施。

第四，從企業所在地區外部環境管理的特徵來看，企業外部環境管制狀況變量對財會人員實施產品碳配額成本核算有一定的影響，在10%的水平上顯著，說明較嚴格的外部環境管制，對企業碳排放量及產品碳配額成本的信息披露有一定的促進作用。

8 結論與政策建議

本章主要是對全書的研究進行總結，針對主要的研究結論提出相關的政策建議，最后指出本書的不足和未來研究的方向。

8.1 主要研究結論

本書首先從中國推進碳排放權交易制度的背景出發，探討了製造企業實施產品碳配額成本核算的理論與現實意義。其次，以排放權交易理論、決策有用性理論和成本核算理論為基礎，借鑑國內外相關領域的研究成果，提出產品碳配額成本核算應該解決的三個關鍵問題，即核算金額、核算標準、核算系統。再次，圍繞上述關鍵問題逐一進行研究，分別提出成本核算導向的碳配額計價模式、碳排放量核算與成本核算的關聯協調方式、產品碳配額成本核算系統的設計。最后，以水泥製造企業為例，結合深入實地調研取得的原始資料和數據，模擬企業參與碳排放權交易的背景，精心設計製造企業實施產品碳配額成本核算的案例。本書通過對模擬案例的數據處理和分析，為中國碳排放權會計政策制定提供借鑑，為企業實務工作提供指導。本書主要研究結論如下：

第一，保證產品碳配額成本核算金額的準確性。我們應實施成本核算導向目標下的碳配額計量模式，即所有碳排放權（免費配額與購買的排放權）應該以公允價值法進行初始確認與計量，后續計量採用成本模式，即通過成本減去減值進行記錄（免費配額的推定成本是它的初始公允價值）；政府補貼（遞延收益）應當按已排放量與預計總排放量的比例合理釋放並確認補貼收入；各期確認的生產成本和排放負債應該根據年度預期的加權平均成本進行計量；上交排放權時，企業應該終止確認排放負債與持有的碳排放權資產。

第二，保證產品碳配額成本核算標準的合理性。我們應建立健全企業碳排放量核算標準體系，提供符合成本核算需要的企業碳排放量核算明細報告。實

現企業碳排放量核算與成本核算的關聯與協調，即企業碳排放源和成本計算對象的有效匹配、企業碳排放單元和碳配額成本責任中心的有效匹配、企業碳排放量核算週期與產品成本計算週期的有效匹配。

第三，保證產品碳配額成本核算系統的科學性。我們應科學設計產品碳配額成本核算的組織系統、信息系統和控制系統。組織系統是產品碳配額成本核算的基礎保障，是實施產品碳配額成本核算各類數據信息收集和匯總整理的源頭。組織系統中企業環境部門的碳信息披露和成本部門的碳配額成本核算尤為重要，應加強兩者的協調配合。信息系統決定了產品碳配額成本核算各類信息的載體、處理流程和分析方法等。控制系統決定產品碳配額成本核算信息的有效性，應加強產品碳配額成本核算各環節的內部控制，設置碳配額成本責任中心進行考核。

第四，對製造企業產品碳配額成本核算的模擬應用表明：推行碳排放權交易以後，碳配額成本已成為製造企業產品生產成本的重要組成部分。若忽略這部分成本的核算，製造企業產品成本將喪失完整性和可理解性，既不符合碳排放權交易理論關於企業外部環境成本內部化的設計思想，也不符合成本會計信息決策有用性的原則要求。成功實施製造企業產品碳配額成本核算的關鍵在於企業碳配額資產和負債的合理計價、碳排放量數據的準確測算、成本核算系統的科學設計。產品碳配額成本核算提供了較為客觀、全面和完整的產品生產成本信息，相關數據可以在多個層面為管理者使用。

第五，對製造企業財會人員實施產品碳配額成本核算的意願調查表明：學歷和職稱水平變量對財會人員實施產品碳配額成本核算的意願有比較重要的影響；財會人員是否願意實施產品碳配額成本核算，很大程度上取決於企業成本核算與管理工作的現狀，即在成本管理工作基礎較好的企業相對容易實施；較嚴格的外部環境管制對企業碳排放量及產品碳配額成本的信息披露有一定的促進作用。

8.2 政策建議

中國從中國共產黨十八大提出「積極開展碳排放權交易試點」，到中國共產黨十八屆三中全會明確「推行碳排放權交易制度」，彰顯了黨和政府全面深化改革、穩步推行「碳排放權交易」等環境政策工具解決氣候問題的自信和決心。實踐中，地方性的碳排放權交易平臺在 2013 年開始陸續實質性啟動，

全國統一的碳排放權交易市場也在規劃建設中。伴隨碳排放權交易在中國的迅速發展，各排放單位尤其是中國製造企業，即將面臨顯著的減排義務。雖然國外已有政府機構、學術組織和企業認識到碳排放權交易機制下，碳配額應作為資產入帳並將其價值計入製造業產品成本的重要性，但國外尚未展開製造業產品碳配額成本核算的系統研究和實踐。在實務中，國外製造企業的碳配額大都採用期間費用化的處理方式，未能有效計入產品成本。中國作為全球製造業大國，系統研究並推行製造業產品碳配額成本核算將具有較大的示範作用和現實意義。為反應這一重要的經濟現實，國家和企業層面都應及早研究和制定相關政策，推動企業產品碳配額核算工作的開展。為此，本書從政府和企業兩個層面提出以下建議：

8.2.1 政府層面

8.2.1.1 健全碳排放權交易的法律法規和管理制度

針對各地碳排放權交易市場標準不統一、運行制度各異和財務規範缺乏的現狀，中國應該逐步健全、完善與碳排放權交易相關的法律法規和管理制度。中國要進一步明確碳排放權交易的法理基礎，著力構建碳排放權交易的市場法律體系；要在借鑑國外經驗的基礎上，深入研究碳排放權的財產權性質和商品屬性，為碳排放權的合法交易創造條件；要對碳排放權市場的主體資格制定統一的法律標準，明確碳排放權交易市場參與各方的權利、義務和責任，對參與碳排放權市場交易的准入條件、操作程序和內容做出細緻規定，研究制定碳排放權交易平臺搭建、運行和管理的詳細規定等；要不斷推進碳排放權交易市場監管的法制建設，進一步修改和完善中國環境法律法規，成立相應的組織管理機構切實履行好監管職責；要建立健全碳排放權交易市場參與主體的法律登記、碳排放權交易指標的法律報告、碳排放量的法律監測等一系列法律監管和保障機制，促進碳排放權交易市場依法健康運行。

8.2.1.2 完善企業層面碳排放量核算的體系標準

中國企業碳排放核算體系建設才剛剛起步，目前存在著國家標準與地方標準、區域性標準和行業性標準並存的現象。由此產生的問題是不同的企業碳排放核算體系在適用範圍、核算邊界、核算方法、報告內容、報告格式等方面沒有統一，導致企業按不同體系核算和發布的碳排放報告口徑不一致，不利於不同區域、不同行業內企業碳排放量核算信息及相關報告的橫向比較和分析。因此，中國應逐步建設全國統一的碳排放核算體系。具體可以採取以下兩種不同的方式推進：一是由國家發改委統一組織各行業制定具體的碳排放核算體系標

準，同時逐步取消目前區域性的碳排放核算體系標準；二是由國家發改委統一制定企業碳排放核算和報告通則，並組織各行業制定具體的碳排放核算體系標準，同時各地可以在國家企業碳排放核算和報告通則的基礎上，制定各地的碳排放核算體系標準，以體現行業性差異和中國經濟發展的地域性差異。此外，全國統一的碳排放權交易市場也需要建設全國統一的碳排放核算體系。從長遠來看，中國各地碳排放權交易市場的區域性整合，並逐步形成一個完整的、可跨地區交易的全國統一的碳排放權交易市場，將對穩定碳排放權交易價格、消除區域性碳排放權交易價格的差異、促進企業產品的碳排放配額成本均衡公允等方面產生積極作用。因此，加快發展全國性的統一碳排放權交易市場是未來的必然趨勢，這也要求建設全國統一的碳排放核算體系，以滿足全國範圍內的碳排放權交易的需要。

8.2.1.3 廣泛開闢企業碳排放核算的應用領域

企業碳排放核算應該服務於多個目標並具有一定的商業意義。為創設這些目標，引導企業積極開展自身碳排放核算，需要多方共同努力。首先，非政府公益組織、投資者和其他利益相關者等應呼籲企業加大碳排放信息的披露力度，有關各方應關注企業的碳排放活動和減排行動，分析企業與其競爭對手相比在碳排放領域的優勢和劣勢。這樣，將會有越來越多的企業主動向利益相關方提供碳排放信息的核算報告，由此加強與客戶和公眾的關係。其次，政府可以強制性要求特定區域和特定行業的企業，定期報告其排放情況，特別是以某一具體轄區內營運或受控制設施的直接排放為重點，推行企業參與強制性報告計劃。再次，中國應鼓勵和引導越來越多的企業參與碳排放權市場交易。實踐已經證明，總量控制下的碳配額交易是利用市場工具促進碳減排的有效手段。中國的碳排放權交易市場已經實質性啟動，但目前參與交易的企業有限，導致碳排放權交易不夠活躍，成交量較少。中國應鼓勵企業參與碳排放權交易，由此推動更多的企業開展碳排放核算。最後，在強制性報告計劃和碳排放權交易尚未全面鋪開的階段，國家應建立自願性減排的核算和登記機制，認可企業早期的自願減排行動。在這種機制下，只要企業開展碳排放核算，就有助於企業早期的自願性減排行動得到未來碳排放限制計劃的認可並計入減排量，這將極大地增強企業開展碳排放核算的積極性。

8.2.1.4 完善製造企業的碳信息披露制度

碳信息披露制度建設是改進企業碳信息披露質量的基礎，也是製造企業實施碳配額成本核算的保障。一是盡快完善製造企業碳信息披露制度，出抬相關的實施細則或具體應用指南。二是根據製造企業產品碳配額成本核算的要求和

特點，在滿足製造企業碳信息披露一般內容的基礎上，結合製造企業成本核算的要求來設計製造企業碳信息披露的內容和評價標準，為製造企業碳信息披露提供更具體、詳細和符合產品碳配額成本核算特徵的制度規範，以提高製造企業碳信息披露的內在質量。三是加大強制性碳信息披露的制度設計和約束力度。由於目前社會公眾對企業碳排放信息的解讀能力和辨識能力較弱，如果對企業信息披露的外部約束過少，極有可能出現虛假的信息披露，因此要通過強制性的制度設計來對可能出現的碳排放信息失真進行防範，同時使製造企業披露的碳排放信息在行業甚至全國範圍內更具可比性和有用性。此外，還要加強對製造企業碳信息披露的監管力度。中國應建立政府、組織和社會公眾三方參與的監督管理機制：一是在政府各級職能部門層面，對於未披露或未按要求披露碳排放相關信息的企業，採取更為清晰有效的懲罰措施；同時，通過財政、投資、信貸和稅收等政策手段激勵製造企業提升碳信息的披露質量。二是在獨立機構和公認組織層面，實施由社會仲介機構對企業碳排放信息的第三方獨立審計，提高碳信息披露報告的真實性；推行社會公認組織對企業進行碳管理績效和碳信息披露等級的評定，建立製造企業及其產品的評價等級市場准入制度。三是在社會公眾層面，大力培養社會公眾的環保意識和低碳發展的理念，逐步改善中國製造企業的投資者結構，形成以多層次的投資主體作為有效信息需求者的碳信息披露動力來源，通過多種渠道和方式培養廣大投資者對於高質量碳排放信息需求的意識，形成企業自願披露碳排放信息的內部動力機制和執行強制信息披露的外部壓力機制。

8.2.1.5 研究制定碳排放權交易的財務會計規範

儘管國際上對碳排放權交易具體的會計處理方法還未形成普遍共識，各國碳排放權交易的會計實務差異也很大，但相關的研究討論和準則制定工作一直在進行當中。在中國，基於總量控制和配額交易的碳排放權交易市場已經實質性啟動，參與碳排放權交易的企業也越來越多，碳配額資產的價值已經被市場廣泛認可，碳配額支出已經成為製造企業產品生產成本的重要組成部分。因此，中國應盡早研究制定碳排放權交易的相關財務會計規範，以利於企業對參與碳排放權交易而形成的碳配額資產、碳配額負債進行及時確認和準確計量，真實公允地反應企業的產品碳配額成本，準確報告企業的碳排放成本和減排收益，以利於企業決策者做出提升包含環境績效在內的綜合績效的戰略決策。

8.2.2 企業層面

8.2.2.1 加強對財會人員碳排放權交易領域知識的教育培訓

碳排放權交易是中國製造企業面臨的一項新的業務類型，該業務的出現，

直接影響到製造企業的生產經營成本以及製造企業的財務狀況和經營成果。製造企業應重視碳排放權交易的財務會計核算，重視碳排放權交易對企業產品生產成本的影響。因此，要加強對財會人員碳排放權交易業務知識的教育培訓，以適應對碳排放權交易會計核算的需要。此外，第 7 章的調查實證研究結果表明，企業財會人員的學歷和職稱結構對製造企業實施產品碳配額成本核算有顯著的影響。因此，企業要積極提升財會人員的綜合素質，為財會人員后續學習、教育創造有利條件，提高企業財會人員的學歷和職稱水平。

8.2.2.2 加強企業產品成本核算管理的制度建設與執行力度

長期以來，成本核算與管理是製造企業財務管理領域特別重要的環節。但實踐中中國的成本計算方法和成本管理實踐卻不盡如人意。2013 年，中國發布了新的《企業產品成本核算制度（試行）》，於 2014 年正式施行，提出要加強企業產品成本核算工作，保證產品成本信息真實、完整，促進企業和經濟社會的可持續發展①。製造企業應該以此為契機，加強產品成本核算管理的制度建設和執行力度，並以此推動產品碳配額成本的核算和管理。首先，企業要整章建制，規範產品成本核算的核算程序和核算方法，明確成本核算部門及人員的崗位職責。其次，企業要將成本核算與管理的規章制度執行到位，要講究成本核算的嚴肅性，不能流於形式和應付檢查考核，成本核算不及時、不準確的，要追究相關人員的崗位責任。最后，企業要發揮成本核算信息的決策參考作用，成本信息是製造企業最為重要的財務會計信息之一，在產品開發、產品定價、業績考核、利潤分配等方面發揮著重要的預測、決策功能，企業應重視成本信息的挖掘和深層次利用，切實發揮成本核算與管理工作應有的作用。

8.2.2.3 利用產品碳配額成本核算積極應對「反傾銷」與「碳關稅」

中國製造業的產品成本在國際貿易中歷來飽受質疑。由於環境成本未能有效計入中國製造業的產品成本，加之國內大多數企業成本核算制度不健全、選用的成本計算方法粗糙落後、能夠提供的產品製造成本信息不完善等原因，西方國家針對中國製造業產品提出的「反傾銷」訴訟案數量龐大，並且中國企業應訴極為困難。近年來，歐盟和美國等又針對中國的產品和服務提出徵收「碳關稅」的要求，其主要理由就是中國出口產品沒有體現世界貿易組織有關產品環境成本內化的要求。因此，中國製造企業在財務上實現產品碳成本核算，將企業外部環境成本內化為企業產品生產成本，將極大地改善中國企業應

---

① 中華人民共和國財政部. 關於印發《企業產品成本核算制度（試行）》的通知 [EB/OL]. (2013-08-16) [2016-12-20]. http://kjs.mof.gov.cn/zhengwuxinxi/zhengcefabu/201309/t20130906_986492.html.

對反傾銷訴訟的困難局面，也將大大增加中國政府在國際氣候政治談判中的話語權。

8.2.2.4 利用產品碳配額成本核算加強減排的目標管理和責任考核

目前國內企業已有的碳排放量核算往往以「產品全壽命週期」為對象進行碳實物量核算，忽視對製造企業（尤其是流程製造業）產品在具體生產製造過程中不同生產批次、不同生產步驟以及不同生產地點碳排放量的細緻測量與考查，因此不能將碳排放的實物量核算與價值量核算有機結合起來進行管理，也不能將企業碳排放的經濟責任落實到部門和個人，不利於企業實施低碳減排的目標管理和責任考核。企業應在完善產品碳配額成本核算后，在碳排放實物量合理歸集與分配的基礎上，配合碳排放成本價值量的歸集與分配，落實企業內部各責任中心的減排責任，通過有效的目標管理和責任考核促進節能減排。

8.2.2.5 利用產品碳配額成本核算提高產品成本信息的決策有用性

完善和實施中國企業碳排放量核算體系的目的是提供有關企業和產品碳排放的相關信息，以促進企業減排。對於企業內部的信息使用者（企業管理當局），碳排放核算的信息可以準確識別企業不同類型、批次產品碳排放消耗碳配額的強度，從而有針對性地開展生產過程中的低碳管理，對高排放的生產車間、生產步驟、生產環節實施重點監控和管理，更好地實現節能減排的目標。對於企業外部的信息使用者（政府部門、投資者、債權人、消費者、環保組織等），通過碳排放核算信息，不僅可以瞭解企業各項產品的功能、質量、價格等外在品質，而且可以知道企業產品在生產過程中有關環境資源利用和污染排放的內在狀況，從而在有關產品和企業投資決策中合理評價和規避環境風險，採取適當的行動和措施。

8.3　研究局限及未來展望

製造企業產品碳配額成本核算這一問題是目前財務和成本管理研究領域的全新課題，其研究範圍寬泛，影響因素眾多，涉及面較廣。該問題既涉及碳財務會計，又涉及碳成本會計和管理會計。與之相關的理論和實務還處於探討、爭鳴和試驗的階段。本書初步研究了製造企業產品碳配額核算亟須解決的三個核心問題：核算金額、核算標準和核算系統。但囿於時間、水平以及篇幅的限制，本書的研究是欠充分和不完善的，存在的不足及未來研究方向如下：

第一，本書對碳配額計價、碳排放量核算和碳成本核算系統三個核心問題的研究線條粗獷，框架設計較多，缺乏細緻描繪和具體細節的解決和處理辦法。尤其是製造企業行業差異性較大，在碳排放量核算、產品成本核算的具體流程和方法等方面千差萬別，本書沒有分析歸納製造企業的行業差異，未能總結不同製造企業產品碳配額成本核算的特點，使本書的實踐指導意義不足。

第二，由於中國的碳排放權交易在 2013 年才開始實質性啓動，目前實際開展碳排放權交易的製造企業數量有限，交易也欠活躍。因此，本書第 7 章關於產品碳配額成本核算的應用，是以中國推行碳排放權交易制度為背景，以某水泥製造企業為例，模擬相關資料數據進行分析處理，缺少實際應用中的檢驗。隨著碳排放權交易在中國全面鋪開以及政府、企業、公眾等對企業產品碳配額成本的重視，應逐步將本書的初步研究成果應用於企業實際，反覆進行檢驗，從而完善相關研究成果和結論，進一步推廣研究成果的應用範圍。

參考文獻

[1] Adam G B, Diana M L. Accumulation by Decarbonization and the Governance of Carbon Offsets [J]. Economic Geography, 2008, 84 (2): 127-155.

[2] Anttonen K, Mehling M, Upston-Hooper K. Breathing Life into the Carbon Market: Legal Frameworks of Emissions Trading in Europe [J]. European Environmental Law Review, 2007, 16 (4): 96-115.

[3] Oberheitmann A, Sternfeld E. Climate Change in China: The Development of China's Climate Policy and Its Integration into a New International Post-Kyoto Climate Regime [J]. Journal of Current Chinese Affairs-China aktuell, 2009 (3): 135-164.

[4] Kolk A, Levy D, Pinkse J. Corporate Responses in an Emerging Climate Regime: The Institutionalization and Commensuration of Carbon Disclosure [J]. European Accounting Review, 2008, 17 (4): 719-745.

[5] Iñaki A, Jordi R, Mònica S. Measuring Emissions Avoided by International Trade: Accounting for Price Differences [J]. Ecological Economics, 2014, 97: 93-100.

[6] Bebbington J, Larringa-González C. Carbon Trading: Accounting and Reporting Issues [J]. European Accounting Review, 2008 (17): 697-717.

[7] Belkaoui A R. The Impact of the Disclosure of Environmental Effects of Organizational Behavior on the Market [J]. Financial Management, 1976, 5 (4): 561-569.

[8] Betz R, Sato M. Emissions Trading: Lessons Learnt from the 1st Phase of the EU ETS and Prospects for the 2nd Phase [J]. Climate Policy, 2006 (4): 351-359.

[9] Catherine B, Philippe Q. Implementing Greenhouse Gas Trading in Europe: Lessons from Economic Literature and International Experiences [J]. Ecological Economics, 2002, 43 (2-3): 213-230.

[10] Brewer T. Business Perspectives on the EU Emissions Trading Scheme [J]. Climate Policy, 2005 (2): 137-144.

[11] Brohé A, Eyre N, Howarth N. Carbon Markets: An International Business Guide Earthscan, 2009.

[12] Buckley J. Policy Models in Accounting: A Critical Commentary [J]. Accounting, Organizations and Society, 1980 (1): 49-64.

[13] Stuart B, Colin C, Anthony H, et al. The Roles of Accounting in Organizations and Society [J]. Accounting, Organizations and Society, 1980, 5 (1): 5-27.

[14] Capoor K, Ambrosi P. State and Trends of the Carbon Market [J]. Chemical Weekly, 2009, 54 (50).

[15] Fogel C. Biotic Carbon Sequestration and the Kyoto Protocol: The Construction of Global Knowledge by the Intergovernmental Panel on Climate Change [J]. International Environmental Agreements: Politics, Law and Economics, 2005, 5 (2): 191-210.

[16] Timothy N C, Lata G. Price Discovery and Intermediation in Linked Emissions Trading Markets: A Laboratory Study [J]. Ecological Economics, 2011 (7): 1424-1433.

[17] Michel C. Civilizing Markets: Carbon Trading between in Vitro and in Vivo Experiments [J]. Accounting, Organizations and Society, 2009, 34 (3-4): 535-548.

[18] Coase R. Problem of Social Cos [J]. Journal of Law and Economics, 1960 (1): 1-44.

[19] Cook A. Emission Rights: From Costless Activity to Market Operations [J]. Accounting, Organizations and Society, 2009, 34 (3-4): 456-468.

[20] Droege S. Tackling Leakage in a World of Unequal Carbon Prices [EB/OL]. (2010-05-19). http://www.climatestrategies.org/our-reports/category/32/153.html.

[21] De Villiers C, Van Staden C J. Can Less Environmental Disclosure Have a Legitimising Effect? Evidence from Africa [J]. Accounting, Organizations and Society, 2006, 31 (8): 763-781.

[22] Johnston D, Sefcik S, Soderstrom N. The Value Relevance of Greenhouse Gas Emissions Allowances: An Exploratory Study in the Related United States SO_2 Market [J]. European Accounting Review, 2008, 17 (4): 747-764.

[23] EEA. Application of the Emissions Trading Directive by EU Member States [J]. Technical Report, 2008 (13): 74-75.

[24] EFRAG. Final Endorsement Advice: Adoption of IFRIC 3 Emission Rights [EB/OL]. (2005-05-06). http://www.iasplus.com/en/binary/efrag/0505ifric3endorsementadvice.pdf.

[25] Ekins P, Parker T. Carbon Taxes and Carbon Emissions Trading [J]. Journal of Economic Surveys, 2001 (3): 325-376.

[26] FERC. Uniform System of Accounts Prescribed for Public Utilities and Licensees Subject to the Provisions of The Federal Power Act [J]. Federal Register, 1993 (7): 18004-18005.

[27] Gadd F, Harrison J, Page S. Accounting for Carbon Under the UK Emission Trading Scheme [Z/OL]. (2002-05-21). http://www.doc88.com/p-408540752865.html.

[28] Fornaro J, Winkelman K, Glodstein D. Accounting for Emission: Emerging Issues and the Need for Global Accounting Standards [J]. Journal of Accountancy, 2009, 208 (1): 40-47.

[29] Jotzo F. Emissions Trading in China: Principles, Design Options and Lessons from International Practice [EB/OL]. (2013-05-21). http://schobar.qsensei.com/content/x6m95/.

[30] Ascui F, Lovell H. As Frames Collide: Making Sense of Carbon Accounting [J]. Accounting, Auditing & Accountability Journal, 2011, 24 (8): 978-999.

[31] Gibson K. The Problem with Reporting Pollution Allowances: Reporting is not the Problem [J]. Critical Perspectives on Accounting, 1996 (6): 655-665.

[32] Haites E, Missfeldt F. Liquidity Implications of a Commitment Period Reserve at National and Global Levels [J]. Energy Economics, 2004 (5): 845-868.

[33] Haupt M, Ismer R. Emissions Trading Schemes under IFRS: Towards a 「True and Fair View」 Carbon Pricing for Low-carbon Investment Project [J]. Accounting In Europe, 2011, 10 (1): 71-97.

[34] Lovell H, Bulkeley H, Owens S. Converging Agendas? Energy and Climate Change Policies in the UK [J]. Environment and Planning C: Government and Policy, 2009, 27 (1): 90-109.

[35] Lovell H, Bulkeley H, Liverman D. Carbon Offsetting: Sustaining Consumption? [J]. Environment and Planning A, 2009, 41 (10): 2357-2379.

[36] Houdet J, Burritt R, Farrell N. What Natural Capital Disclosure for Integrated Reporting? Designing & Modelling an Integrated Financial-Natural Capital Accounting and Reporting Framework [Z/OL]. (2014-06-20). http://scholar.qsensei.com/content/lyck7m/.

[37] IASB. IASB withdraws IFRIC Interpretation on Emission Rights [EB/OL]. (2005-06-21). https://www.iasplus.com/en/binary/pressrel/0507withdrawifric3.pdf.

[38] Jaggi B, Freedman M. An Analysis of the Information Content of Pollution Disclosures [J]. Financial Review, 1982 (5): 142-152.

[39] Fan J H, Roca E, Akimov A. Estimation and Performance Evaluation of Optimal Hedge Ratios in the Carbon Market of the European Union Emissions Trading Scheme [J]. Australian Journal of Management, 2014 (1): 73-91.

[40] Arvola J, Muhos M. Belt P, et al. Renewable Energy in Chemical Industry: The Case of Formic Acid Production [J]. International Journal of Sustainable Economy, 2011 (4): 381-394.

[41] KPMG. Insights into IFRS [M]. 5th ed. London: Sweet & Maxwell, 2008.

[42] Lund P. Impacts of EU Carbon Emission Trade Directive on Energy-intensive Industries-Indicative Micre-economic Analyses [J]. Ecological Economics, 2007, 63 (4): 799-806.

[43] Long S, Kaminskaite-Salters G. The EU ETS-Latest Developments and the Way Forward [J]. Carbon & Climate Law Review, 2007 (1): 64-72.

[44] MacKenzie D. Making Things the Same: Gases, Emission Rights and the Politics of Carbon Markets [J]. Accounting, Organizations and Society, 2009 (34): 440-455.

[45] Deac M. Accounting for Greenhouse Gases Emissions Allowances in Romania [J]. Annals-Economy Series, 2013 (2): 188-192.

[46] Haupt M, Ismer R. The EU Emissions Trading System under IFRS: Towards a 『True and Fair View』 [J]. Accounting in Europe, 2013 (1): 71-97.

[47] Mazzanti M, Montini A, Zoboli R. Environmental Kuznets Curves for Greenhouse Gas Emissions. Evidence from Italy Using National Accounts Matrix including Environmental Accounts and Provincial Panel Data [J]. International Journal of Global Environmental Issues, 2008 (4): 392-424.

[48] Mathews M R. A Suggested Classification for Social Accounting Research

[J]. Journal of Accounting and Public Policy, 1984, 3 (3): 199-221.

[49] Dittenhofer M. Environmental Accounting and Auditing [J]. Managerial Auditing Journal, 1995 (8): 40-52.

[50] Myunghun L. Potential Cost Savings from Internal/External CO_2 Emissions Trading in the Korean Electric Power Industry [J]. Energy Policy, 2011 (10): 6162-6167.

[51] Nolke A. Introduction to the Special Issue: the Globalization of Accounting Standards [J]. Business and Politics, 2005, 7 (3): 1140.

[52] Nordhaus W D. To Slow or Not to Slow: The Economics of the Greenhouse Effect [J]. Economic Journal, 1991, 101 (407): 920-937.

[53] Chevallier J. EUAs and CERs: Vector Autoregression, Impulse Response Function and Cointegration Analysis [J]. Economics Bulletin, 2010 (1): 558-576.

[54] Perry J, Nölke A. The Political Economy of International Accounting Standards [J]. Review of International Political Economy, 2006 (4): 559-586.

[55] PwC. The IFRS Manual of Accounting 2009 [M]. London: Croner CCH Group Ltd, 2008.

[56] PwC, IETA. Trouble-Entry Accounting-Revisited: Uncertainty in Accounting for the EU Emissions Trading Scheme and Certified Emission Reductions [EB/OL]. http://www.ieta.org/resources/Resources/Resports/trouble_entry_accounting.

[57] Power M. Expertise and the Construction of Relevance: Accountants and Environmental Audit [J]. Accounting, Organizations and Society, 1997, 22 (2): 123-146.

[58] Robson K. Accounting Numbers as Inscription: Action at a Distance and the Development of Accounting [J]. Accounting, Organizations and Society, 1992, 17 (7): 685-708.

[59] Ren S G, Yuan B L, Ma X, et al. The Impact of International Trade on China's Industrial Carbon Emissions Since Its Entry into WTO [J]. Energy Policy, 2014, 69 (3): 624-634.

[60] Schultz E, Swieringa John. Catalysts for Price Discovery in the European Union Emissions Trading System [J]. Journal of Banking & Finance, 2014 (3): 112-122.

[61] Fankhauser S, Hepburn C. The Design of Carbon Markets Part I: Carbon

Markets in Time [J]. Energy Policy, 2010, 38 (8): 4363-4370.

[62] Sijm J, Neuhoff K, Chen Y. CO_2 Cost Pass-through and Windfall Profits in the Power Sector [J]. Climate Policy, 2006 (1): 49-72.

[63] Skjarseth J, Wettestad J. The Origin, Evolution and Consequences of the EU Emissions Trading Scheme [J]. Global Environmental Politics, 2009 (2): 101-122.

[64] Wambsganss J, Sanford B. The Problem with Peporting Pollution Allowances [J]. Critical Perspectives on Accounting, 1996 (6): 643-652.

[65] Wilkinson-Riddl G. International GAAP 2008: Generally Accepted Accounting Principles under International Financial Reporting Standards [M]. Weinheim: Wiley, 2008.

[66] 安崇義, 唐躍軍. 排放權交易機制下的企業碳減排的決策模型研究 [J]. 經濟研究, 2012 (8): 45-58.

[67] 畢銘悅. 碳會計理論若幹問題研究——以貴州省煤炭能源企業為例 [D]. 貴陽: 貴州財經大學, 2012.

[68] 陳海鷗, 葛興安. 論碳交易平臺對碳交易成本的影響——以深圳碳排放權交易體系為例 [J]. 開發導報, 2013 (6): 99-104.

[69] 陳磊, 張世秋. 排污權交易中企業行為的微觀博弈分析 [J]. 北京大學學報 (自然科學版), 2005 (6): 926-934.

[70] 杜莉, 張雲. 中國碳排放總量控制交易的分配機制設計——基於歐盟排放交易體系的經驗 [J]. 國際金融研究, 2013 (7): 51-58.

[71] 範紅偉. 淺析企業環境信息披露現狀、影響因素及解決措施 [J]. 商業經濟, 2009 (15): 112-116.

[72] 葛全勝, 方修琦. 科學應對氣候變化的若幹因素及減排對策分析 [J]. 中國科學院院刊, 2010 (1): 32-40.

[73] 葛家澍, 杜興強. 會計理論 [M]. 上海: 復旦大學出版社, 2005.

[74] 耿建新, 焦若靜. 上市公司環境信息披露初探 [J]. 會計研究, 2002 (1): 43-47.

[75] 耿澤涵. 低碳經濟模式下中國碳排放權會計問題研究 [D]. 蚌埠: 安徽財經大學, 2012.

[76] 郭銳. 碳排放權會計研究 [J]. 忻州師範學院學報, 2013 (4): 46-48.

[77] 顧陽. 全國碳排放標準化技術委員會成立 [N]. 經濟日報, 2014-07-18.

[78] 高迎春. 對中國區域碳排放權交易試點工作的幾點認識 [J]. 天津

經濟, 2013 (5): 36-38.

[79] 關珊. 中國現代企業的碳排放權會計研究 [D]. 北京: 首都經濟貿易大學, 2012.

[80] 黃新鋒. 日本的企業環境管理: 經驗及啟示 [J]. 經營管理者, 2012 (11): 38-39.

[81] 胡其穎. 企業建立溫室氣體排放清單的方法 [J]. 節能, 2010 (3): 4-7.

[82] 洪大劍, 張麗欣. 國內外水泥企業碳排放量化方法比較 [J]. 認證技術, 2013 (6): 48-50.

[83] 郝海青. 歐美碳排放權交易法律制度研究——兼論中國碳排放權交易制度的構建 [D]. 青島: 中國海洋大學, 2012.

[84] 紀建文. 從排污收費到排污權交易與碳排放權交易: 一種財產權視角的觀察 [J]. 清華法學, 2012 (5): 65-72.

[85] 李林婧, 王德發. 論企業碳會計體系的構建 [J]. 財會月刊, 2013 (2): 28-31.

[86] 李艷薹. 中國資源型企業碳排放會計信息披露方式研究 [D]. 西安: 西安石油大學, 2013.

[87] 李娟, 周春英, 隋同波, 等. 水泥可持續倡議行動及CO_2減排議定書 [J]. 中國水泥, 2009 (12): 21-24.

[88] 劉承智, 潘愛玲, 劉琛. 推進中國碳排放交易市場發展的對策 [J]. 經濟縱橫, 2013 (12): 44-47.

[89] 劉承智, 潘愛玲. 歐盟企業碳排放權計量模式的比較研究及啟示 [J]. 價格理論與實踐, 2013 (10): 94-95.

[90] 劉承智, 潘愛玲, 謝滌宇. 中國碳排放權交易市場價格波動問題探討 [J]. 價格理論與實踐, 2014 (8): 55-57.

[91] 劉承智, 潘愛玲, 謝滌宇. 中國完善企業碳排放核算體系的政策建議 [J]. 經濟縱橫, 2014 (11): 67-71.

[92] 劉承智, 潘愛玲. 循環經濟型上市公司環境信息披露質量評價及建議 [J]. 財會月刊, 2014 (2): 37-39.

[93] 劉承智. 水泥製造企業CO_2排放量核算方法的實證研究 [J]. 邵陽學院學報 (自然科學版), 2013 (4): 54-59.

[94] 劉建. 水泥企業碳排放成本核算體系構建與應用研究 [D]. 廈門: 集美大學, 2013.

［95］林安宜. 水泥企業成本核算與管理［M］. 北京：中國建材工業出版社，2006.

［96］馬忠誠，汪瀾. 水泥工業CO_2減排及利用技術進展［J］. 材料導報，2011（19）：150-154.

［97］倪外. 低碳經濟發展的全球治理與合作研究［J］. 世界經濟研究，2010（12）：10-17.

［98］潘克西，朱漢雄，劉治星. 碳排放核算方法與企業溫室氣體清單計算器［J］. 上海節能，2012（12）：2-7，24.

［99］孫豔輝，姚彥麗，岳賢峰. 河北省環境會計信息自願披露狀況分析［J］. 河北企業，2011（11）：37.

［100］孫志梅，李秀蓮，趙麗麗. 無形資產模式下排污權交易的會計核算邏輯［J］. 商業會計，2013（5）：9-11.

［101］孫偉雍. 碳市場發展背景下中國碳排放權分配與會計處理研究［D］. 哈爾濱：東北林業大學，2012.

［102］孫明山. 上市公司環境信息披露現狀及對策研究［J］. 財會學習，2012（5）：26-28.

［103］宋小明. 成本會計發展的九大歷史規律［J］. 會計之友（下旬刊），2008（6）：15-19.

［104］譚志雄，陳德敏. 區域碳交易模式及實現路徑研究［J］. 中國軟科學，2012（4）：75-84.

［105］湯雲為，錢逢勝. 會計理論［M］. 上海：上海財經大學出版社，1997.

［106］吳紅利. 基於低碳經濟觀下企業環境成本的核算與控制研究［D］. 開封：河南大學，2012.

［107］王愛國. 我的碳會計觀［J］. 會計研究，2012（5）：3-9.

［108］王虎超，夏文賢. 排放權及其交易會計模式研究［J］. 會計研究，2010（8）：16-22.

［109］王立彥. 環境成本核算與環境會計體系［J］. 經濟科學，1998（6）：53-63.

［110］王毅剛，葛興安，邵詩洋，等. 碳排放交易制度的中國道路——國際實踐與中國應用［M］. 北京：經濟管理出版社，2011.

［111］王雪潔. 中國碳交易核算體系研究［D］. 北京：北方工業大學，2013.

［112］王曉. CAT模式下碳排放權會計處理問題研究［J］. 商業會計, 2013（6）：6-8.

［113］王蜜. 產權保護導向的碳排放權交易會計研究［D］. 長沙：湖南大學, 2013.

［114］王琳, 肖序. 碳財務戰略理論前沿：一個新的研究視角［J］. 財務與金融, 2012（2）：1-19.

［115］吳妮. 碳排放權會計處理方法的優選［J］. 財會月刊, 2013（5）：23-26.

［116］肖序, 熊菲, 周志方. 流程製造企業碳排放成本核算研究［J］. 中國人口·資源與環境, 2013（5）：89-95.

［117］肖序. 建立環境會計的探討［J］. 會計研究, 2003（11）：31-33.

［118］肖淑芳, 胡偉. 中國企業環境信息披露體系的建設［J］. 財會研究, 2005（3）：45-49.

［119］謝東明, 林翰文. 排放權交易運行機制下中國企業排放成本的優化戰略管理研究［J］. 會計研究, 2012（6）：81-88.

［120］夏鵬飛. 碳排放權及其交易的會計確認與計量問題研究［D］. 西安：西安石油大學, 2013.

［121］苑澤明, 李元禎. 總量交易機制下碳排放權確認與計量研究［J］. 會計研究, 2013（11）：8-15.

［122］楊蓓, 汪方軍, 黃侃. 適應低碳經濟的企業碳排放成本模型［J］. 西安交通大學學報（社會科學版）, 2011（1）：44-47.

［123］楊姝影, 蔡博峰, 曹淑豔. 二氧化碳總量控制區域分配方法研究［M］. 北京：化學工業出版社, 2012.

［124］許迪. 低碳經濟模式下碳排放權交易的會計研究［D］. 哈爾濱：哈爾濱理工大學, 2014.

［125］許家林, 王昌銳. 論環境會計核算中的環境資產確認問題［J］. 會計研究, 2006（1）：25-29.

［126］朱豔. 企業碳排放財務會計研究［D］. 泰安：山東農業大學, 2013.

［127］張蔚偉. 碳排放權的會計確認、計量與披露問題研究［D］. 成都：西南財經大學, 2012.

［128］張俊瑞, 郭慧婷, 賈宗武, 等. 企業環境會計信息披露影響因素研究——來自中國化工類上市公司的經驗證據［J］. 統計與信息論壇, 2008

(5): 79-85.

[129] 張彩平. 碳排放權初始會計確認問題研究 [J]. 上海立信會計學院學報, 2011 (4): 34-43.

[130] 張彩平. 碳排放權交易會計研究 [D]. 長沙: 中南大學, 2012.

[131] 張鋼, 宋蕾. 環境容量與排污權的理論基礎及制度框架分析 [J]. 環境科學與技術, 2013 (4): 190-194.

[132] 宗計川. 中國區域碳排放權交易市場建設研究 [J]. 中國市場, 2012 (11): 24-28.

[133] 曾剛, 萬志宏. 碳排放權交易: 理論及應用研究綜述 [J]. 金融評論, 2010 (8): 54-67.

[134] 周志方, 肖序. 排污權交易會計國際發展評述及啟示 [J]. 當代財經, 2010 (1): 120-128.

[135] 周守華, 陶春華. 環境會計: 理論綜述與啟示 [J]. 會計研究, 2012 (2): 3-10.

[136] 周華, 戴德明. 會計制度與經濟發展——中國企業會計制度改革的優化路徑研究 [M]. 北京: 中國人民大學出版社, 2006.

國家圖書館出版品預行編目(CIP)資料

製造企業產品碳配額成本研究 / 劉承智 著. -- 第一版.
-- 臺北市：崧博出版：崧樺文化發行, 2018.09

面； 公分

ISBN 978-957-735-460-0(平裝)

1.工業經濟 2.工業產品 3.成本控制 4.中國

555.92　　　107015183

書　名：製造企業產品碳配額成本研究
作　者：劉承智 著
發行人：黃振庭
出版者：崧博出版事業有限公司
發行者：崧燁文化事業有限公司
E-mail：sonbookservice@gmail.com
粉絲頁　　　　　　網　址：
地　址：台北市中正區重慶南路一段六十一號八樓815室
8F.-815, No.61, Sec. 1, Chongqing S. Rd., Zhongzheng Dist., Taipei City 100, Taiwan (R.O.C.)
電　話：(02)2370-3310　傳　真：(02) 2370-3210

總經銷：紅螞蟻圖書有限公司
地　址：台北市內湖區舊宗路二段 121 巷 19 號
電　話：02-2795-3656　傳真：02-2795-4100　網址：

印　刷：京峯彩色印刷有限公司（京峰數位）

　　本書版權為西南財經大學出版社所有授權崧博出版事業有限公司獨家發行電子書繁體字版。若有其他相關權利及授權需求請與本公司聯繫。

定價：250 元
發行日期：2018 年 9 月第一版
◎ 本書以POD印製發行